マナーはまごころ

～生涯を彩るマナー学習～

マナリスト研究会

文芸社

はじめに

私達は、日々人と人との関わりの中で人生を歩んでいます。

何かを成し遂げるには、他者と協力することが大切です。自分本位な行動をとれば信頼を失い、成果を出すことは難しいです。

中国に「恕《じょ》」という教えがあります。弟子が孔子に「先生、私達が生涯守っておけばよいことはありませんか」と問うたことに対して、孔子が答えたのが「恕《じょ》」ということばです。

それは、「人が悲しむこと、困ることを、言ったりしないようにする」という意味です。「相手の気持ちを想像して、広い心で人を受け入れることが、人の中で生きていく上に大切です」という教えです。

聖書には、「人がしてほしいなと思うことをしなさい」という教えがあります。同じ意味の表裏です。

人と人が関わる場面では、うれしいことも煩わしいことも起こります。しかし、共に社会で生きていかなければなりません。日常のいろいろな場で、人と喜びや痛みを共有できる気持ちや言動（マナー）が大切です。そのためには、相手に寄りそえる力（共感性）や、相手と対話できる能力（コミュニケーション力）などの生きていく力を高めることが必要です。

私達は、戦中、戦後の激動の時代を生きてきました。長い人生の中で学んだこと、感じたこと、気づけたことが多くあります。どんな時代を生きるにも、人としての成長、マナーの向上は、人生を歩む上で重要なテーマです。

マナーの大切さを、次世代を歩む人達に伝えたいと、強く思いました。

私達マナリスト研究会の三人の共通理解のもと、「マナー教育学講座」を岡山市で実施しました。講座では、課題達成のための考察ポイントを「発達」「学習」などの教育視点に置き、マナーに関する項目を三人の専門分野から講義しました。

本書は、マナー教室での講義内容（人間の成長の過程、コミュニケーションマナーの心理学、マナーの意義・作法）をもとにまとめました。

人生を大事に、人と和合して楽しく生きるため、自分を高める実践の参考になればうれしいです。

もくじ

第2章　コミュニケーションマナーの心理学
―カウンセリング心理と色彩心理からのアプローチ―　35

第1章
社会的なマナーを身につける学び

――人間の発達の道すじと発達課題――

1 マナーは育ちの過程で学ぶ

（1）マナーの意味

マナーとは、広辞苑では「①人の行うべき礼の道　②敬意を表す作法　③謝儀・謝礼（謝意を表すことば、賜物）」と記されています。

マナーと言えば、冠婚葬祭やかしこまった非日常の席での礼儀作法というイメージが強くありますが、原点は人の行う「礼の道」です。

具体的には、人の気持ちを想像して、悲しくなるようなことを言ったりしないように心がけることです。

「私は親の背中を見て育ちました」という話をよく聞くことがあります。

親が人生の正しい価値観を持っていて、まず行いで示します。子ども達は、自分が守られている安心感の中で、親をお手本にして成長します。

マナーを学ぶ第一歩は家庭です。

（2）自己形成の場――家庭、学校、社会――

育ちの基盤となるもの

自分の育ちの基盤になるのは【一】家庭【二】学校【三】社会の大きく三つに分類されます。それぞれに大きな意義があります。

その中でも生まれ育った家庭はその人の育ちの原点です。

家庭には、三つの機能があります。

一つ目は「愛情」です。子どもは親に愛され、守られる中で、自分は親にとって大切な存在なのだと感じるようになります。

日々の成長はもちろん、成長の節目の通過儀礼（誕生日、節句、七五三、入学式、卒業式、成人式等々）のお祝いや、四季の行事（お正月、節分、節句、七夕、お月見等々）を通して成長を祝ってくれる親、祖父母に感謝の気持ちを持つとともに、自分は、大切な存在なのだと認識します。

「自己肯定感」を得ることができます。自己肯定感は、人生を歩む上で一番大切な「心の芯」になります。親が子どもに与える一番大切な資質です。

二つ目は、「養育」です。これは子どもにとっては命を守り健全に育つ衣食住の保障です。親としての責任ある役割です。

三つ目は、「教育」です。基本的な生活習慣に関する躾《しつけ》や、対人関係の基礎的な訓練、社会に目を向けさせるなどを育てることです。躾をしなければいけないことはたくさんあって、何に重点をおいて、いつ、どのように教えるかとまどってしまいます。

教育学者森信三先生の全世代に賜る人生の指南書「人間学」に学びたいと思います。

長年の教育実践を通し、人間の一生を大観した上で、人生を大事に生きるための着手点と具体的な方法について説きつくされています。

躾の三原則

家庭教育の方法については、「良い子にしなさい」とか「行儀よくしなさい」というような一般的、観念的なお説教だけでなく、社会生活を営む上でどうしても必要な所作やたしなみを教えます。

第一は、毎朝、朝の挨拶をする子に（前向き）

第二は、呼ばれたら「ハイ」とはっきり返事ができる子に（呼応）

第三は、席を立てば椅子を中に入れ、履物を脱いだらそろえる子に（自律）

この三つが、生き方の最基盤であって、これができれば人間も軌道に乗ったとみてよいと述べられています。

三つの躾の中でも、根底をなすのは朝の挨拶です。この徹底があってこそ「ハイ」の返事ができるようになるのです。

第一番目の挨拶を躾けるには、両親や祖父母がお互いに挨拶を交換し合いお手本を示すより他に良策は見当たりません。親のこれだけはという一念によって、何とか定着させることが大切です。

森先生の門下の徳永先生は、登校児の生徒に先手の挨拶を実行し続けられ、「挨拶一つに生命をかけるくらいでなければ教育の底は浅い」とまで明言されています。

第二の躾は、挨拶ができるようになると、心が前向きになり「返事」もはっきりできるようになります。「呼応」即ちコミュニケーションの第一歩です。

第三の「椅子を入れる」「履物をそろえる」の意味は、ものごとの整理整頓、後始末など人間としてのたしなみの基本です。

毎日の生活の中で実践を重ねることで、他の大事な躾にも発展させていくことができるでしょう。

三つの基本の躾は、早いほど躾けやすく、少なくとも小学校入学以前までが定着しやすくのぞましいと思います。

2 発達段階とマナー

（1）親の役割

親と子のあり方

親と子のあり方をより確かなものにするために、親の果たす役割は、子どもの身体的、精神的、社会的な発達に力を貸してあげることです。子どもが成熟して大人になるころには、自分自身に自信をもって精神的に自立できるように導くことです。

そのために必要なことは、人間の発達の正しい道筋を知ることです。つまり人間が幼い日から大人へ、そして死に至るまで一歩一歩階段を追って発達していくという論理をしっかり把握することです。

心理学や脳科学などの専門学的理論や科学的知見に学び、日常の生活に生かしながら養育していくことが大切です。

「エリクソンの発達心理論」に学ぶ

「発達心理学」とは、人間の発達という側面に焦点を当て、それを行動の科学として、心理的アプローチにより種々究明していく学問です。

エリクソンは、人生を八つの発達段階に分け、それぞれの発達段階で心の成長に必要で乗り越えなければならない「発達課題」と、うまく乗り越えられず、つまずいた場合に抱えてしまう心の問題（危機）について説明しています。

発達とは、それぞれの課題を克服していくことで、「アイデンティティ」は確立します。克服できなければ挫折感を感じたり、希望を失ったりします。

「アイデンティティ（自我同一性）」ということは、一般に「自己の証明」「人格における同一性」を指しています。アイデンティティを確立するとは、自分の存在は何かを感じ、得ること、そして、生きる意味を知ることです。自分の人生を歩む上で職業の選択や、結婚、宗教等の決定を左右する場面で大きな力を発揮します。

しかし、アイデンティティを獲得するのは難しく、最近は、青年期になっても自分は、将来何をしてがんばりたいのかが、見つからない人が増えているといわれています。

この危機は、子ども時代の過ごし方が影響しているともいわれています。

乳幼児、学童期の躾や学びが自我を育てると考えられるからです。

養育はこの発達課題の達成を援助するために、適切な取り組みが必要です。

（2）人間の発達学（エリクソンの発達理論）

発達の八段階

・子どもの発達――社会的に健全な生活をするために学習――

❶乳児期、❷幼児期前半、❸幼児期後半、❹学童期、❺青年期

・成人の発達――個の成熟がたどり着くべき課題（愛すること、働くこと）

❻成人前期、❼成人中期、❽成人後期

❶乳児期（零歳～一歳半ごろ）――発達課題（基本的信頼感）・危機（基本的不信感）――

人間世界と出会い、生涯の基盤となる信頼感を学びます。

この世に生まれたばかりの子どもの心は、ふくらんだばかりの新芽のように柔かく、それだけに心に刻みこまれた出会いの印象は強く、深いものになります。しかも、それは心の深いところに一生涯にかけて存在し続けると考えられます。

赤ちゃんは、お腹がすいたときも、暑いとき、寒いときも、おむつをかえてほしいとき、抱っこしてほしいときにも泣きます。満腹と温かさ、安全と心地よさなどを求めて、泣き声を合図に世話をしてくれる人（多くは母親）に迫ります。赤ちゃんのできることは、泣

いて頼むことだけなのです。

子どもが望んだことを望んだようにしてあげることが大事なときなのです。望みどおりに愛され、この世を温かく心地よいものと感じ、自分は愛されているという安らぎを人生の早期に体験できることは幸せです。自分に対し、人に対してその存在感への安心感や信頼感（基本的信頼感）が育まれます。

反対に望みを叶えてもらえていないと誰も助けてくれないという不信感や自分に対する無力感（基本的不信感）を身につけます。

視覚や聴覚もほとんど発達していない赤ちゃんにとって、口唇と触覚は、唯一の感覚器官です。指しゃぶりのくせは、泣いたときに口唇の満足が得られないから、手近な指で口唇を満足させるのです。スキンシップが不足すると、その代償として指しゃぶりや、人形、枕などを抱いて寝ます。乳児期に育児の過保護はありません。

「基本的信頼感」を乳児の心に与えるために、養育者（主に親）は思いのたけをつくして愛をそそいであげる時期なのです。

❷幼児期前半（一歳半〜三歳ごろ）——発達課題（自律性）・危機（恥や疑惑の念）——

運動や操作を学ぶのに適している時期です。躾を通して自律性を育成します。自律とは衝動をコントロールして自らを律する力のことです。信頼感をしっかり育めた子どもほど自律的な行動にとりかかりやすいです。

一歳半を過ぎるころから、神経や筋肉の発達が進み、膀胱や直腸に充満した尿や便を括約筋をゆるめて排出するこつや、反対にがんばってためておくすべが、少しずつ分かってきます。

ハイハイから歩きはじめるころです。そのころから親や周囲は、文化の基準にあわせて躾をはじめます。親や周囲の言うことを聞かずかんしゃくを起こして抵抗します。手のかかる年頃です。

いわゆる魔の二歳児「いやいや期」に入ります。

トイレットトレーニング、食事のときの手洗い、箸やスプーンの使い方、朝夕の挨拶、歯みがき、家に上がるときは靴をそろえるなど、躾けなければいけないこと、してはいけないことを教え、躾けます。

ここで子ども達は、自分の衝動との間で葛藤が生じます。

そのときに大事なことは、叱らないで繰り返し教えて、待ってあげることです。

この待つというところに子どもは「自律性」を発達させます。親が代わってやっては自律性は育ちません。頑張ってやっても失敗するたびに叱られ続けたら、また、だめだったらどうしようという「羞恥心」を覚え、チャレンジする意欲を失ってしまうでしょう。

何かをやり抜くのに大事な「意志の力」を身につけるためには、子どもが意欲的に取り組む瞬間を待って、励ましてあげることが大事です。

随所で、衝動のコントロールができるかできないかで、その後の人生も変わってきます。乳児期に「信頼感」をしっかり育めた子どもほど自律的な行動に取りかかりやすいです。

❸幼児期後半（三歳～六歳ごろ）――発達課題（自発性）・危機（罪悪感）――

保育所や幼稚園に通い出し友達の輪が広がります。この期の子どもは溢れるばかりの好奇心や冒険心が心を生き生きと彩っていて、自発的に行動に移します（自発性）。イタズラをしたり、ケンカをして怪我も多くなります。

体の発育もめざましく進み、跳んだり投げたり身体各部を上手に調節して、より高度な運動をすることができるようになります。

精神面でも勢いがあり、活力が満ち溢れて、さまざまな事物に強烈な興味を抱き新鮮な学習衝動を持ちます。新しい体験や冒険をやってみたいという意欲が高揚する年代です。

例えば、道を歩いていても、雨あがりの斜面をわざわざ歩きころびます。何度注意してもやめず何度もころび怪我をします。経験を通して濡れているときの坂はすべるのだと体で覚えます。

親がむやみに不安や気遣いを強く持って、子どもの冒険心を抑えて家の中でおとなしくしているだけを良しとして、禁止や規制をすると、せっかく伸びようとする自発性や勇気や意欲という大切な情緒性の芽をつみとることになります。そして、親に叱られることは悪いこと、悪いことをするのは悪いことだという「罪悪感」を覚えます。

幼児期後半はイタズラを始める子どもが大怪我することがないように注意配慮して、イタズラ的な遊びを思う存分やらせてあげることが、子どもの「自発性」や「想像性」を育てるために必要です。

❹学童期（小学生時代）――課題（自信感覚）・危機（劣等感）――

学びを通して何かを成し遂げることから得られる自信と喜びを心に刻む年代です。学童期に力をつけるのは勤勉さです。勤勉とは家族や社会に期待される活動へ自発的、習慣的に取り組むことです。

小学校に通う時期です。「学校」という制度の中に入り社会生活を送るための基本的学習を友達関係の中で学びます。

長い学業の出発点である一年生はまず学校に慣れることです。教室では主に担任教師の指導のもとクラスの友達と各教科を学びます。

学年が進むに従って「グループ学習」も取り入れられます。教え合ったり、話し合ったりして意見を発表します。協力し合うことで考え方が深まります。

教室で学ぶ教科学習だけでなく、遊び、掃除、給食、児童会などの時間もあり、友達と協力する中で、楽しさ、達成感を体験することが大切です。

さらに年間の大きな行事（遠足、運動会、学習発表会、林間学舎、修学旅行など）の中で友達と協力しながら役割を果たす体験は、何かを成し遂げる成功体験で「自信」につながります。

子ども達は一人ひとりすばらしい個性を持っています。しかし子ども達は小さな「挫折」にも心の動揺を見せ後退してしまう傾向がみられます（劣等感）。

こつこつ努力を重ねると何かができるようになったという体験が必要です。

友達と知識や体験を共有し合うことが大切です。友達からものを学び、友達にものを教える体験を通して、自分は頑張ればできるのだという「自信感覚」を身につけていきます。

勉強といえば、目に見える学校の成績に関心が集まります。学校の成績は大切です。しかし、きちんとした生活規律を持っていること、元気に遊ぶこと、友達と協力して何かに取り組むこと、お手伝いをすることなど、広い意味での勉強を子ども達に身につけさせることが、見える学力をつける上で大切です。

そのためには、親は学校の成績だけでなく、子ども達の生活全般の中から子どもを見てほめてあげることとです。

何かをなし遂げることから得られる自信と喜びの感覚を、少しでも多く心に刻むことが大切です。学校と家庭が連携して子ども達を励まし、努力すればできるという「自信」につなげることが大切です。

学童期は「自分なりに力がある」という感覚を獲得することが大切です。エリクソンは、これを「有能感」と表現しています。

次の思春期から成人時代を通して、何かに挑戦するための気力の土台になる大切な力を育てます。

❺青年期（思春期）中学校、高校生時代（十三歳〜十九歳ごろ）

・課題「アイデンティティ（自我）の獲得（自己発見）」

・危機「アイデンティティ（自我）の拡散（混乱）」

アイデンティティ（自我同一性）ということばは、一般的に「自己の存在証明」「人格における同一性」を指しています。

アイデンティティを確立するには、自分とは何者かを心得ること、これを確立することで、自分の生きる意味を知ることです。

職業の選択や結婚、宗教などの決定を左右することになります。

・青年期の前半、思春期のころはいわゆる反抗期で情緒的に不安定であり、喜怒哀楽がはげしくなります。

また好奇心が旺盛でいろいろなことに興味を持つので生活に不鮮明な部分が増えたり、言い訳やウソが多くなったりします。このような変化は思春期にありがちなものです。家庭外での生活に変わったことが起こっているのではないかと、温かく接していくことが大切です。

子どもの所持品に見慣れないものが増えたり、夜遊び、顔色が悪くなるなど、ＳＯＳのサインに注意して対応しましょう。

子どもの話を聞いて一緒に考え、理解のある突っ込んだ話し合いができる基盤が家庭にあれば、一過性のものとしておさまるでしょう。

・青年期の後半に入るころになると、自分を客観視できるようになります。自分の力や他者との違いを知ることにより、自分が何者か、どんなことが得意で将来の進路をどうするか、考えるようになります。自分との出会いです。

客観的な自己認識に必要なのは、自分を理解し評価してくれるくらい親しく付き合える友人がいて、共感し合い助け合う経験ができることです。

「あなたらしい」と仲間から認められることで、自分の特徴を知り「自分はこういう人間なんだ」と自覚できます。その結果、自分らしく生きようとする力をつけるように努力します（自我の獲得）。

しかし、これまでの発達課題が十分クリアできていなければ、人との心理的距離が測れなくて、共感的コミュニケーションが取りにくくなります。精神的居場所が見つけられず、自分は何のために存在しているのか分からなくて混乱します（自我の拡散）。

自分と向き合い、自分の将来を自覚して主体的に生きていく力や、自分の内に目を向け真の自分を発見し、他者との協調性や連帯感を身につけることができれば、青年期のつまずきは、貴重な体験として、大人社会へ大きく飛躍できます。

大人達は、この時期特有の心を読み、自分を見つめる作業を力強くなすように見守ってあげることが大切です。

❻成人前期（二十歳代）

・課題「親密性」

・危機「孤立」

課題の「親密性」は自己をしっかり確立した上で他者と親密な関係を結ぶ能力です。社会に出て独り立ちをしてそれぞれの進路を歩き出します。同性との親密な交流から、お互いに相手を映し出し、学び合って成長していきます。また異性との交流から恋愛を経験し結婚する人も多い年齢です。

子どもが生まれ育てる段階に進む人が多くなります。

友人、恋人、配偶者などと、お互いに信頼できる関係を長く続ければ、「愛情」の力を得られます。人の気持ちを推し測ることができます（親密性）。

しかし、青年期までに発達課題が順調に学べていないと自己を確立できていないので、自分に自信が持てなく、他者に支配される恐怖で表面的な付き合いしかできなくなり、積極的な関わりをさけるようになります。「孤独」に陥ってしまいがちになります。

親密さを土台とする成熟した健全な家庭は、子どもにとって理想的です。親や他者と親しくすることが大切です。親密さを土台とする成熟した家庭を築くことが、未来にとって大事です。
・「愛と結婚」愛は単なる感情だけでなく、愛は意志であり、決断、約束です。異なった生活習慣や価値感を持った者同士の結合です。
・「職業の選択」自分の適性、能力を知り、職業の選択をすることです。
・「働くことの意義」人間が為さねばならぬ重要な行為です。
経済的、精神的、社会的に安定し豊かになると、人は人生を積極的、創造的に生きられます。

エリクソンは、「親密性とは、相手に自分を賭けても、自分を失わない関係」と表現しました。

❼成人中期（壮年期）――三十歳～六十五歳ぐらい――

・課題（世代性）
・危機（停滞）
自分の人生真っただ中、働き盛りのときです。

「次世代育成能力」対「停滞」です。青年期で育んだ人間関係をもとに、いろいろな場面で能力を発揮するときです。

独自性の光るときであり、自分独自で判断、活動する場が増え、肉体的、精神的、社会的にさまざまな運命に直面します。子どもを育てる重要な時期でもあります。

壮年期と言われるこの年代の課題「世代性」は、前の文化を引き継ぎ、自分の代で新たな創造を加え、次の世代につなぐことです。

自分の世代だけを考えていると、「停滞」といわれる状況に陥ってしまいます。

家庭や学校、職場の上の世代から学んだこと、芸術、技術、思想、哲学などを次の世代に伝えることです（世代性）。それは、創造的で生き生きとした世代に関われる機会であり、精神の健康のためにも大切です。

次世代に何を残すか自覚して生きることで、次の老年期で自分の存在した意味を認識します。英知と情熱が必要です。

成人中期は独自性の光るときで、自分らしい生き方は、自分でさがし出さねばなりません。人生の正念場を味わいのあるものにする鍵は、個人の責任に関わっています。

❽成人後期（老年期）

・課題（自我の統合）
・危機（絶望）
我々の生活は必ず終局を迎えます。厳しい運命を受け入れ、人間として、親としても、自分の生涯を意味あるものとしてまとめていくことは、たいへん大きな課題です（自我の統合）。

老年期の初期、定年後においては、創造的活動や、働く者としての新しいふさわしい仕事も見つかります。また、ボランティアの仕事は、あらゆるところから必要とされます。

生計を立てるのに忙しかったときには、できなかったことができるのです。新しい冒険や新しい勉強など、興味を通して自分の居場所を見つけましょう（統合）。年を取っても自己開発する生き方が美しく老いることです。

自分の衰弱のことしか考えないまま、何の関わりも持たず日々を過ごすことは残念です（絶望）。祖父母としての役割は、親的役割の極致で、老年期の最も積極的な関わり合いのひとつです。孫達にとって、おじいちゃん、おばあちゃんの存在が情緒の安定につながり大きな役割を果たします。

孫に温かい愛情を注ぐおじいちゃん、おばあちゃんは、子ども達にとってはこの地球上でかけがえのない存在です。祖父母は孫達の良いところや可能性を映し出せる歪みのない鏡です。子どもや、孫達一人ひとりを深く気にかけて、愛情溢れる言葉がけや、現在の自分まで続いてきた道のりをさかのぼり、祖先の生き方を話すことも大切です。

これまでの山あり谷ありの人生を乗り越えてきたこと、多くの出会いが自分の人生に意味があったのだと納得し、次世代に希望を託しつつ、老年期を受け入れることが大事です。

☆発達段階の階段を一段ずつ

自我の統合（老年期）
×絶望

世代性
×停滞
（30〜60代）

親密（20代）
×孤立

自己発見（思春期）
×アイデンティティの拡散

有能感（学童期）
×劣等感

自発性（３〜６歳）
×罪悪感

自律性（１歳半〜３歳）
×恥・疑

信頼感（０〜１歳半）
×不信感

心の成長・発達のあり方

人間が、社会的に健全に幸福に生活するためには、乳児期、学童期、青年期など、それぞれの発達段階で学習し達成しなければならない課題がある。（発達課題）

☆子育てって…こころ育て

『体が成熟して大人になるころには、自分自身に自信を持って、精神的に自立できるように、導くことが大切』

1．自信を育む	『だめ』『やめなさい』は禁止。
2．子どもを尊敬する	『どうしたい？』『どう思う？』判断、発見を尊重。
3．安心感を育む	『やってみよう』『やれたね』『やれるんだ』 取り越し苦労、落胆は不安を生む。

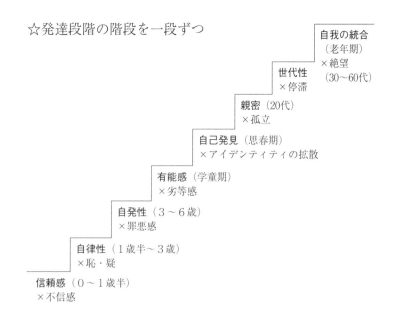

人間の発達学　《エリクソンの発達理論》

1．子どもの発達 ～社会的に健全な生活をするために学習～

①乳児期（０歳～１.５歳ごろ）―基本的信頼感（基本的不信感）―

人間世界と出会い、生涯の基盤となる信頼感を培う。

②幼児期前半（１.５歳～３歳ごろ）―自律性（恥や疑惑の念）―

運動や操作を学ぶのに適している時期。躾を通して自律性を育成する。

③幼児期後半（３歳～６歳ごろ）―自発性（罪悪感）―

好奇心や冒険心が、極めて自然にわいてくる時期。
自発性や意欲という貴重な資質を育成する。

④学童期（小学校時代）―自信感覚（劣等感）―

学びを通し、何かを成し遂げることから得られる自信と喜びを心に刻む。

⑤青年期―アイデンティティの確立（アイデンティティの拡散）―

自己発見（自分の将来を自覚して主体的に生きていく力）。
大人社会へ前進するステップの時期。他者との協調性や連帯感を身につける。

2．成人の発達 ～個の成熟がたどり着くべき終局の課題（フロイト）
・・・「愛すること」「働くこと」～

⑥成人前期（20歳代）―親密性（孤立）―

個を保ちつつ、他者と密接に関わる。

⑦成人中期（働き盛り）―世代性（停滞性）―

独自性の光るとき。人生の正念場を味わいのあるものにする。

⑧成人後期（老年期）―自我の統合（絶望）―

厳しい運命を受け入れ、自分の生涯を意味あるものにまとめる。

人生の道（エリクソンの発達心理学に学ぶ）

エリクソンは、ドイツ出身（後にアメリカ国籍取得）の精神分析家です。エリクソンの発達理論は、エリクソンがアイデンティティを求め、自分自身と向き合い、実際に体験、努力を重ねる中で考え、検証された理論です。

人間が社会的に健全に成長するためには、乳児期から老年期までの八つの発達段階で学習し、発達しなければならない課題があります。それは、その時期の個人の発達の可能性に応じて、社会によって課せられその達成が期待されている基本的なものです。

それぞれの時期に対応した果たすべき課題は、①心身の成熟、②社会の文化的要求、③個人の自己完成などです。

この発達課題が達成されるかどうかは、次の発達段階の発達課題の達成のされ方を規定し、後の発達課題に影響を与えます。従って、教育はこの発達課題の達成を援助するために適切な計画をもって指導することが大切です。

人間成長の八段階は、誰でも経験することであり、段階の課題を一段ずつ学んでいくことで、自己成長、自己実現ができます。飛び段をすると、ゆがみやひずみが起こり自己成長や自己実現の妨げになってしまいます。

しかし、ボタンの掛け違いと同じで、十分学べなかった段階に戻って再学習体験することにより、そのゆがみやひずみを取り除くこともできます。

成長過程でさまざまなひずみや不適応を見せる多感な子ども達。登校拒否、家庭内暴力、心身症、非行、いじめなど子ども達の精神は、日々危うくなっているといわれています。誰もが現代の親子の関わりの複雑さや、真に成熟した人間に育てる困難さを感じています。

親達は、自分を支える確かなものを求めています。困ったときには、カウンセラーに相談することも必要です。

親の役割で大切なことは、子どもが成長したとき、たくましく生きていける力を育てることです。親は視点を近くから遠くまで伸ばしながら、わが子の持っている資質を引き出すような支援者になりたいものです。それだけに子どもの発達の時期には、親としての英知と勇気が必要です。

・遊びの体験─仲間意識（活動を通して楽しさの共感）─社会的成熟
・学びの体験─意欲・自信（努力による前進の喜び）─知的成熟
・情動体験─情操（喜び、怒り、驚き、恐れなど実感）─情緒的成熟

子どもに自信を持たせる育て方

「だめ」「がんばれ」「はやくしなさい」は、子どものやる気をくじく三大禁句です。子どもが健やかに育つために根本的に必要なものは安心感です。安心感とは、

・勇気〈トライしてみよう〉

・自信〈うまくやり遂げるようがんばろう〉
・楽観〈うまくできるだろう〉
という感覚を育むことで生まれます。

子供を勇気づけるのは、聞き方であり、答え方でもあります。そのためにも、子ども達の話をよく聞き、子ども達の気持ちを汲むことです。


人生は平坦な道ばかりではありません。上り坂、下り坂、まさかの坂もあります。あるときは容易に超えられ、またあるときは挫折してしまいそうな険しい坂もあります。そんなとき、頭に浮かぶのが、両親はじめ、多くの方々に学んだ貴重な教えです。どんな時代を生きるにも、人としての器（良心、意志、想像力など）が育っていることが大事です。これがマナーの原点ではないかと思います。

成長の機会をつかむのは、自分の知恵と行動です。自分の存在を高め、楽しい人生にするために、地に足をつけ一歩一歩進むことが大切です。

第2章
コミュニケーションマナーの心理学

―カウンセリング心理と色彩心理からのアプローチ―

ここでは、「マナー」という言葉が意味する事柄のうち、「人間関係を円滑に行いたいと願う場面において、事情が許すならば心がけた方が良いと思われる視点」に着目したいと思います。

「コロナ禍」においては、家庭内コミュニケーションが時間的な充実を得て、絆を深めた家族が多いという評価もあります。しかし、街中では、いわゆる〈三密〉が避けられ、さまざまな場所・場面で社会的な隔たりが生じることになりました。

一人暮らしの高齢者や下宿学生など、孤立を深めた人も少なくありません。新しく友人を作ることや仲間との交流の仕方を学ぶ機会を十分に確保できないまま過ごした児童・生徒に対して心配する声もあります。

このように、何らかの理由で人と人との距離を感じるときにこそ、マナーを大切にしたいものです。

本章では、人間関係の形成に資する「コミュニケーションマナー」について、いくつかの心理学的な視点を紹介します。

1 カウンセリングに学ぶコミュニケーションマナー

（1）「出会い」のコミュニケーションマナー

人生には、至る所に新しい出会いがあります。「初めまして」と交わす挨拶からスタートする人間関係が、生涯の転機となることもあります。心が通い合った良き出会いにしたいものです。

さて、ここでは心理カウンセリングで実施されている方法にヒントを得たいと思います。「現代は癒やしの時代」と言われ、身近な心の相談としてカウンセリングが注目されています。カウンセリングの初回相談面接においても、たいていは当たり前の挨拶から始まります。たとえば、「初めまして」「こんにちは」「今日は良い天気ですね」といった当たり前の挨拶、あるいはさりげない話題での声掛けから始まるのです。

第一印象は、三秒から五秒で決まるともいわれています。このわずかな時間で図ることのできるコミュニケーションとして、当たり前の挨拶、あるいはさりげない話題での声掛けを意識しておきたいですね。

さらに、カウンセリングでは、開始時に「決めつけない」「立ち入らない」といったことにも留意します。そんな「出会い」における姿勢（マナー）が、次の「対話」を良好な状況に導くのです。

（2）カウンセラーの態度に学ぶ

「カウンセリングって何をするの？」と聞かれたときは、「一言でいうと、相談面接による心理療法です」と答えています。

たとえば、スクールカウンセリングの現場では、①生徒のカウンセリング、②保護者のカウンセリング、③教職員のカウンセリングを行います。スクールカウンセリングでは「コンサルテーション」というやや指示的な提言をする場面もありますが、「カウンセリング」という設定で行う面接においては、①②③いずれに対しても相談に応じる姿勢で臨みます。

具体的には、「対話」が中心となりますが、これには、定まった公式やマニュアルがありません。カウンセラーは、来談者がどのような態度で、どのような話をしても、すっきりと受け入れて、まずは、聞き役に徹します。ありのままに、無条件で受け入れるように努めます。先入観で評価することなく話をよく聞き、尊重する気持ちで接して寄り添うのです。

（3）「対話」のコミュニケーションマナー

ここでは、「会話」ではなく「対話」という言葉を使っています。二人が同じ時間、同じ空間でお互いに向かい合って話すという意味において「対話」という表現を選んでいます。前述の通り、カウンセラーは聞き役に徹して、まずは「聴く」ことから始めます。頷いたり、反復（オウム返し）したりすることで話のキャッチボールが成立すると、和やかなときが流れ始めます。

それでも、相手が話しづらそうにしている場合には、どのようにすればよいでしょう。そのような際には、カウンセラーは、ゆっくりと待ちます。カウンセリングにおいては、沈黙も大切な要素（メッセージ）として受け入れ、まずは、立ち入らずに待ちます。それでも話しづらい場合は「何か気になることやお困りのことがあるのでしょうか」と寄り添いますと、ぽつぽつと話し始めることが多いのです。

このように、「対話」は、まず聴くことから始めると気持ちが楽になります。そんな気分の演出もコミュニケーションマナーの一つといえます。一人で考え、頑張りすぎるより、友人と打ち解け合い話し合うことで共に生きる喜びを感じたいものです。

（4）こちらの気持ちを素直に伝える場面

カウンセラーは、原則として、耳を傾けて聴き、共感し、受け入れます。すなわち、相手とは対立しない関係です。しかし、場合によっては、こちらの状況を訴えることもあります。たとえば、イヤイヤ相談室にやって来てだんまりを決め込む中学生・高校生に対して「しゃべらないと、分からないよ」とストレートに伝えるケースがあります。こちらの素直な気持ちの表明が、対話を促すきっかけになることも少なくないのです。

また、危険の回避など、相手のためになると判断した場合には、指示的に提言する、あるいは批判的に対決する場合もあります。なぜなら、すべてを受け入れることは、逆に構えてしまって信頼関係を築きにくいという側面もあるからです。

こちらの気持ちを素直に伝えることも、選択的なコミュニケーションマナーの一つとして心に留めておきたいですね。

2 「マナーの心理」と「色彩の心理」

（1）「心遣い」と「色使い」

「マナーの心理」は、言い換えるなら「相手の気持ちを思いやる心遣いの心理」であると考えています。

そして、心理学的な立場で色彩設計に関わってきた経験から、効果的な「色使い」を設計する際には、「心遣い」の視点が欠かせないことを実感しています。

色彩と心理との関係について、すべての人々に共通の尺度を手に入れることは困難です。しかし、例えば、「慶事と弔事」、あるいは「ハレとケ」の場面で使われる色彩の特徴と心理的なイメージは、多くの人が共有していると推察します。

ここでは、「心遣い」のために「色使い」を活用することについて考えてみます。

次に、いくつかの例を挙げますので、共感できる部分があれば、コミュニケーションマナーへの活用を試みてはいかがでしょう。

（2）思いやりのカラーコミュニケーション

落ち込んだ気分を少しでも元気づけてあげたい

沈んだ気持ちを高めようとするなら、暖色および高明度色（明るい色）が目に映る環境を意識しましょう。たとえば、情熱的なイメージの赤は、行動力や元気をもたらして、やる気を起こさせてくれる色でもあります。また、黄は希望や幸福を表す色であり、前向きな気持ちにさせてくれる色でもあります。ファッションカラーとして、あるいは生け花やテーブルクロス、カーテンなどのインテリアカラーに採用するなど工夫したいですね。

一方で、赤や黄などの刺激色には注意点もあります。たとえば、閑静な住宅地、あるいは自然豊かな景勝地で、派手な赤や黄の広告看板・商業施設などが目に入ったとしたら、どのような気分になるでしょう。不快、もしくは疲労感といった心理を呼び起こす可能性があります。特に、真っ赤な色は、かなり気持ちが落ち込んでいる人にとっては色が強すぎて、かえって疲れてしまう場合があるので、気をつけましょう。

白は純粋、無垢といったイメージを連想させると同時に、色みの無い白は、すべての色（感情）を、白紙に戻すという意味もあり、気分を一新して、ゼロからやり直そうという再生・新規のイメージもあります。落ち込んだあと、心機一転やり直そうというときにはぴったりの色といえます。

ピンク色は、優しい、そして素直な気分にさせてくれる色であり、幸せな気分でいたいと思わせてくれる色です。落ち込んだときに、前向きな気分にさせてくれる色ともいえます。

イライラを鎮静してあげたい

イライラと色彩の関係は、色彩設計や色彩心理カウンセリングを実施する際に私が最も注目してきたテーマのひとつです。

ピンク色は優しい気分にしてくれる色、また、ベージュ色はソフトで安定感のある色です。安定した穏やかな気持ちになることで、イライラを静める効果があります。

青は、鎮静作用のある色であると同時に、知性的なイメージのある色です、知性的であるということは、感情的ではないということにつながります。従って、青は、感情的にイライラする状態を静める色であるといえます。

これらの色を上手に利用することは、心を静めるのに効果があります。洋服や小物、アクセサリーのカラーに採用してもいいですし、家にいるときなら、リビングにこれらの色のものを何か置いて絶えず目につくようにすると、イライラが解消に向かうことが期待できます。

お仕事をされている人で、仕事中イライラすることが多い方は、オフィスの机にこれらの色を使った何らかの物を置いておくのはいかがでしょう。

（3）支援のカラーコミュニケーション

冷静な判断を促したい

青は、海や水の色であることから、涼しさや冷たさをイメージします。それは精神面にも影響し、気持ちを鎮静させ、集中力を 増す効果のある色なので、冷静な判断を支援したいときにはピッタリの色です。

灰色は、色みの無い色で、黒でもなく白でもなく、あいまいな色というイメージもありますが、実はどんな色とも合わせることができ、さまざまな色を引き立てることができる安定感のある色といえます。ですから、精神的にも安定した状態で冷静な判断を行い、周囲の人々や状況に上手に合わせていくことができる色でもあります。

茶は、木の幹や大地などの自然を感じさせる色で、どっしりとした安定感や堅実な印象を与える色です。従って、精神的な安定をもたらす色といえます。冷静な判断に向いている色として活用してはいかがでしょう。

集中力を促したい

冷静で知的なイメージのある青は、集中力をアップさせる色でもあります。青の集中力を支援する効果は、大いに期待できます。

たとえば、子どもの勉強部屋のインテリアをブルー系にするとか、青の小物を置くなどすることで、勉強に対する集中力アップが期待できます。

寒色系の色を配することで時間を短く感じさせ、集中力をサポートするという考え方もできます。ちなみに、時間を忘れて好きな人と一緒にゆったりと過ごしたい場合には、暖色系がおすすめです。

緑は、リラックスの効果があるので、精神的に安定した状態にしてくれる色です。ゆえに、気持ちを落ち着かせ、集中力をアップするのに向いている色といえます。精神的な安定を支援するということは、コツコツと根気よくする作業を支援するということにもつながります。

（4）接遇のカラーコミュニケーション

ミスを謝り、誠意を見せたい

純粋や潔白を表す白は、純粋な気持ちで心から反省していますという印象を相手に与えるので、ミスを謝り、誠意を見せたい場合に向いている色と言えます。また、白は、白旗を代表するように平和や休戦のときに用いられる色です。このように、白はこちらの誠意を見せるのに、向いている色といえます。

冷静、知性などをイメージさせる青は、真実をイメージさせる色でもあります。うそ偽り無く謝っていますという印象を相手に与える色といえます。

色彩の心理は、色相（赤・橙・黄・緑・青などの色合い）の違いだけではなく、明度（色の明るさ）、あるいは彩度（色の鮮やかさ）の違いからも大いに影響を受けます。たとえば、淡くて明るいピンク色は、優しさや愛らしさとともに素直な心をイメージする色です。ゆえに、ありのままの気持ちを伝えたいときに向いている色としても活用できます。

親しみやすさを伝えたい

橙色は、家庭的・社交的なイメージを持つ色でもあります。黄は、上手に使うとコミュニケーションカラーとして活躍してくれます。共に暖かさをイメージする色で、明るく活発で陽気なイメージのある色です。

これらの暖色系を使うことで、相手に親近感を抱かせることができ、親しみやすさを伝えることができます。たとえば、小さな子どもの公園デビューの際に、親子で暖色系のシャツを装うといった活用もおすすめです。ファッションカラーのほかにも、建築色彩、あるいはコーポレートカラーの色彩計画においても、色の親近性は意識されます。

コラム　ヒューマンカラーカウンセリングについて

長年にわたり、活字を用いずに気軽に楽しみながら行う色彩心理テストを用いた色彩心理カウンセリングの研究・実践に取り組んできました。

『Human Color Counsell』は、臨床事例を基に開発を重ね、日本、アメリカ、カナダなどにおいて特許を取得し、国際的な評価を得ています。

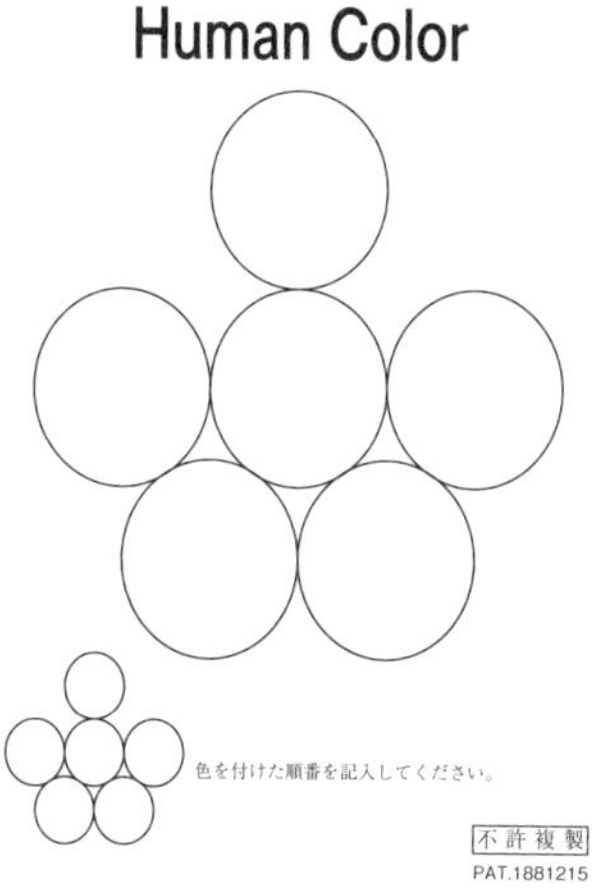

心理臨床のアセスメントツールの一つとして、あるいは学校や企業での人材教育研修や職務適正など、さまざまな場面で活用されています。

私も人と会うときで、楽しく話をしたいときは、黄系、橙系の服を着ることが多いです。私自身も社交的な気分になっておしゃべりが弾みますし、相手にとっても、親近感を抱くことでしゃべりやすい雰囲気になり、お互いに楽しい時間を演出することができるのです。

本章では、「心遣い」の視点でカラーコミュニケーションについて述べてきましたが、自分のイメージを印象づけるために積極的に色彩を活用することも一考です。例えば、ブルー系は知的なイメージ、ピンク系は優しさのイメージ、黄・橙色は活発なイメージ、緑は安心感のイメージといった使い分けで、色彩のコーディネートを楽しんでみてはいかがでしょう。

3 生涯色彩心理とコミュニケーション

発達理論については、第1章に詳しく記されています。本章では、生涯発達心理と色彩心理との関係に注目する「生涯色彩心理」の一部をご紹介します。ここで述べる色彩心理傾向は、前掲のコラム①で紹介した色彩心理テストにおける出現率および発達理論、さらにはカウンセリングにおける行動観察などを基に考察を加えたものです。

（1）幼児期、学童期のカラーコミュニケーション

幼児期は父母への愛情欲求が強い時期であり、赤、黄、ピンク色、橙色など、暖色の出現率が高くなります。これらの暖色は、ぬくもりや愛情がほしいという欲求の色といえます。

必ずしも愛情が足りずに求めているということではありません。たとえ、愛情をたくさんもらい満たされているとしても、もっともっとかまってほしい、甘えたいというのがこの時期なのです。

特に、黄は、外の世界へ自分の興味や活動がどんどん広がっていく好奇心旺盛で、いろ

いろなことを吸収しようとして脳を活発に働かせる発達段階に出現する色です。同時に、甘えたいときに出現する色でもあります。

このように、黄は、外の世界のいろいろなことを吸収しようとしている幼児期には、とても重要な色といえます。この時期のコミュニケーションカラーとして認識しておきたいですね。愛情は与えすぎたらダメということはないと思います。幼児期の先にある人間形成のためにも、子どもにはたくさん愛情を注いであげたいですね。

さて、臨床心理カウンセリングの場面では、幼児期に黒や茶色が顕著に出現することがあります。例えば、お母さんに叱られた日、あるいは大震災から間もない状況で描かれた子どもの絵には、重くて暗い色の出現傾向が見られます。一見、元気そうに見えても、普段はよく使う赤や黄が控えめになり、乱れたタッチの暗い色彩の雲を描くようになるといったケースもあります。

そのような場合には、優しい愛情を込めたコミュニケーションについて再確認を試みるよう提案します。


学童期には、青の出現率が高くなります。幼児期の黄から転じて青が出現する傾向は比較的に分かりやすく、子ども達の成長を見守る過程において、「発達」を感じることができる変化のひとつです。

青は義務感と結びついていると考えることができます。たとえば、小学校にあがれば、今までと違って、学習の義務が発生してきます。好きなように遊んでばかりいられなくなり、学校にいる間は時間割に沿って、学習内容も決められています。決して、楽しい時間ばかりではなく、一定の我慢、あるいは静粛も必要となります。このような、義務感や我慢、静粛といった感情が青の心理と結びついています。

また、学習者という立場にある学童期にとって、静粛で鎮静する青は、勉学の環境に役立てることができる色彩といえます。

色彩の心理を意識すると、子どもの部屋は成長に合わせてイメージチェンジが必要ということに気がつきます。赤や黄のアクセントカラーを配したプレイルームから、学習環境にも適した淡い青やベージュ色など落ち着いた空間への移行を図りたいところです。

マーケティングの領域においても、幼児用品では、男の子向けは青系、女の子向けは赤（ピンク色）系だったのが、小学生用になってくると、女児向けの商材に青系統のものが増えてきます。ランドセル、あるいはノート、鉛筆といった文房具から自転車にいたるまで、ブルーカラーの商材が積極的に訴求されています。

ペールトーンの青（水色）といった互いに共感できる嗜好色の持ち物を主張しながら、カラーコミュニケーションを楽しむ女児達を目にすることも多いのではないでしょうか。

(2) 青年期、成人期のカラーコミュニケーション

青年期(中学・高校・大学生ぐらい)に出現する特徴的な色彩は赤および橙色です。赤と橙色はホルモンと結びつく色であると同時に、衝動、あるいは攻撃と結びつく色でもあります。エネルギーに満ちた色として、「青年」の「青」とは違った意味において若さが表現できる色彩です。

動的で刺激的な赤と橙色は、心身ともに最も大きく変化・成長する発達過程を象徴する色彩といえます。

成人期(二十代・三十代)には、赤と青という組み合わせの出現率が高まります。例えば、白を合わせるとスポーツカラーのトリコロール配色として調和します。

いろいろなことに頑張っているこの時期にふさわしく、赤と青の組み合わせはとても活動的な色の組み合わせといえます。この二色について別々に考えると、赤単独ではとても活動的で気持ちが外に向かう色ですが、青単独では鎮静して内面に向かう色です。相反する側面を持った赤と青が一緒に表れるというのは、気持ちを外に向けて頑張る一方で、ときには自分の内面を見つめてじっくり考えてみるなど、試行錯誤を繰り返す成人期の心理的な傾向と結びつけることができます。

（3）壮年期前期、壮年期後期のカラーコミュニケーション

壮年前期（四十代）に出現する特徴的な色は茶色です。茶色は色彩学における表色系上では、「暗い灰みの黄赤」です。青年期の赤や橙色ほどの激しさはなく、実質的な色といえます。

この時期は、親としての家庭的役割や、中間管理職としての社会的役割を担う上で、現実的な課題をいろいろ抱えがちになります。堅実に対応していく必要にせまられる中で「安定」のサポートカラーとして茶色は頼れる色彩と言っても過言ではありません。

壮年後期（五十代）に出現する特徴的な色は緑です。緑は心身ともにホッとする癒やしの色です。疲れたときに木々の緑を見て、心が癒やされる経験は誰しも持っていると思います。人生を半分以上過ごしてきて、いろいろ考えたり悩んだり経験したりを重ね、一旦の休息を求める心理が働きやすいのではないでしょうか。

園芸用品を求めてホームセンターを巡る、あるいは、山歩きグッズを求めて山岳ショップを訪れるなど、緑に結びつく行動が増える傾向も見られます。日本では、さまざまなルートで登山文化が楽しめます。緑豊かな森林を訪れて、市街地とは異なる空気、鳥の声、

風の音を感じながら心と体をゆっくりとリフレッシュするのもいいものです。

(4) 老年期のカラーコミュニケーション

老年期には、個人によって出現する色彩の傾向が二つの方向に分かれる状況が見られます。

一つ目の色彩特性は、灰色や黒のような暗く重い色に偏る傾向です。対面のカウンセリングで実施する行動観察などの心理アセスメントの結果を参照すると、これらの色彩傾向は、いわゆる「頑固」なタイプに多く見られます。

もう一方の色彩特性は、赤、黄、ピンク色、橙色など、幼児期や青年期に出現する色彩傾向が再現するかのごとく表出するパターンです。こちらのタイプの方のカウンセリングで見えてくるのは、「遊び心」、あるいは「緩和の気持ち」の獲得を達成した心理状態です。新しい老いの楽しみや生き方を見つけることは、とても大切なことだと思います。

各年代の発達心理を学ぶということは、どう生きていくかを学ぶということに関連します。ただし、人間にはそれぞれに個性があり、それぞれの生き方があり、皆がその通りではなく、その人によって具体的な課題は異なります。ゆえに、こうでなければダメということはありません。成熟していく一つのプロセスとして考え、楽しく学びたいですね。

4 人の生涯とマナーの学び

（1）「いのち」とマナー教育

人間にとって孤立に追い込まれた状況は、危ない状況です。

二〇二〇年から実施された人間の行動を抑制する措置は、健康を保つために人と人との距離を確保することを目的としていました。一時的には、日頃の人間関係に起因する息苦しさから解放されたと感じた人も少なくなかったと思われます。

しかし、人を避けることで、知らず知らずのうちに孤独が深くなった人々が表面化することなく増えていったと推察します。ウイルス感染防止のために、あたりまえの習慣が見直され、個人の意思を問わない形でルール変更がなされていくさまは、その孤独をさらに苦しいものにしました。

長年にわたり「いのちの電話」に関わっていますと、特に若者の孤独は「死にたい」という危機に直面する危うさを含んでいることに気がつきます。

「決して一人ではない」ことを伝えるべく、寂しさ、痛み、あるいはつらい気持ちを聴き続けていきます。人生の意味とか命の大切さといった教え、あるいは激励の言葉よりも、

コラム 「いのちの電話」の起こり

1953年、ロンドンのイギリス国教会牧師のチャド・バラーが、ロンドン・タイムズに自分の名前と電話番号と共に、「あなたのいのちを絶つ前に、私に電話してください」というメッセージを掲載し、大きな反響を呼びました。

バラーは、やがて組織的な電話相談を始めました。この運動は世界各国に拡がり、日本では、1971年の東京に続き、1973年には大阪に「関西いのちの電話」が開局しました。

開局前年の春に開局準備委員会において、お茶係をさせていただいたことが、私の「聴き続ける日々」の始まりでした。

「関西いのちの電話」では、開局以来24時間365日休むことなく、ボランティアの相談員が耳を傾けています。

精神的な危機にある人にこそ、信念あるやさしさの存在を知ってほしいのです。電話をかけ、そのやさしさに触れてほしいのです。

「いのちの電話」の存在を、できるだけ多くの方に知っていただきたいと願っています。

まずは、ひたすら寄り添って聴き続けるのです。「これは危機だ！」と慌てずに、まずは落ち着いて、「どうしたの」「つらかったね」「よく我慢してるね」「よく話してくれたね」と応答しながら耳を傾けます。

そして、よく聴いてみますと、必ずしも死にたいのではなく、「生きたい」と揺れ動いていることに気がつきます。心身ともに疲れたことでつらい気持ちに至り、もし救われるのなら生きたいと望んでいるケースが少なくないのです。

さて、日常においても、身近にあるかもしれない孤独を救うために、コミュニケーションマナーの心がけに努めたいものです。「おはよう」「こんにちは」といった挨拶、あるいは「どうしたの」といった思いやりの声掛けは、「いのち」を守るマナーにもなり得るのです。

（2）生涯学習のすすめ

本章の終わりに、「生涯学習」について述べたいと思います。

「生涯学習」とは、暮らしの充実、もしくは仕事上の能力向上といった目標を目指して自ら生涯にわたって学び続けることです。スポーツや文化活動、あるいは趣味やレクリエーション、ボランティアといった分野も生涯学習の領域に含まれます。ひとりで学びを楽しむこともできますが、一緒に学ぶ仲間がいるなら、お互いに教えあったり、励ましあったりしながら楽しく学びたいものです。

これから、学びを再開したいとお考えの方は、ぜひ、次の点をご確認いただきたいと思います。

社会教育法は、第三条1項において「国及び地方公共団体は、この法律及び他の法令の定めるところにより、社会教育の奨励に必要な施設の設置及び運営、集会の開催、資料の作製、頒布その他の方法により、すべての国民があらゆる機会、あらゆる場所を利用して、自ら実際生活に即する文化的教養を高め得るような環境を醸成するように努めなければならない」と指摘した上で、同条2項にて「国及び地方公共団体は、前項の任務を行うに当たっては、国民の学習に対する多様な需要を踏まえ、これに適切に対応するために必要な学習の機会の提供及びその奨励を行うことにより、生涯学習の振興に寄与することとなるよう努めるものとする」と規定している。

つまり、国や都道府県、あるいは市町村によって整えられた生涯学習環境が利用できるということなのです。

特に、お勧めしたいのは、図書館の活用です。たとえば、公共図書館は、一般公衆を対象に広く公開される「社会教育施設」として、生涯学習支援における重要な役割を担っています。さらに、国立国会図書館は、生涯学習を支援する機関として、網羅的に収集した情報資源、あるいはその書誌情報をもとに、国民に対するサービスを行っています。

このほかにも、学校図書館、大学図書館、専門図書館の中には一般利用が可能な館もあります。昨今では、オンラインで利用できる各種サービスを備える図書館も増えています。

本書が記しているように、マナーの学びには、ビジネスマナーや作法の知識のほかに、教育学、発達心理学、色彩心理学、カウンセリング学などの周辺諸学も加えたいところです。図書館を利用して、自分なりの生涯学習を楽しんでみてはいかがでしょう。

第3章

生涯学習としてのマナー

―素敵な社会人の条件とテーブルマナーなど―

マナーは、社会で生きていくためには必ず必要でありこの世の中でたった二人になってしまっても必要だと言われます。

マナーは、自分を高めるための財産であり、さりげなく使い、決して堅苦しいものではなく、楽しく社会生活を過ごすためには最も大切なことだと思います。

さらに世は国際時代であり、お互いに形だけではなく、心を添えて思いやり溢れる日常生活を育み、より豊かに優しい心遣いができれば素晴らしい未来が待ってくれていると信じております。その学びの一端を心を込めて認《したた》めました。

今から、少しずつでも自分磨きをして下されば光栄です。結果は、自分ではなく周りの方が評価して下さいます。

1 素敵な社会人の条件

素敵な社会人となるためには、（1）身だしなみ、（2）挨拶言葉、（3）態度・動作・表情、（4）知識、（5）恕の心の五つが大切です。これらはどれが欠けても、十分ではありません。

（4）の知識は磨けば磨くほど輝いていきます。金剛石も磨かなければただの石です。私の好きな言葉（江戸時代の儒者　佐藤一斎の名言『言志晩録』）に次のものがあります。

「少にして学べば、すなわち壮にして為すこと有り
　壮にして学べば、すなわち老いて衰えず
　老いて学べば、すなわち死して朽ちず」

（4）の知識があることは素晴らしいですが、（1）身だしなみがダメだったり、（2）挨拶言葉がきちんとできていなかったり、（3）態度・動作・表情がダメだったりと、この三段階が欠けていればガッカリですね。

また、知識が豊富であっても、（5）恕の心、思いやりの心の無い方は、やはり尊敬されないでしょう。恕は孔子の教えです。孔子の教えは、祖母に刷り込まれた恕の精神からできています。人に気遣い、人に恥をかかせない人は、特に素晴らしい人となりますよ。

（5）恕の心

① 思いやりの心
② 相手に身になって
③ 他人の心情や立場を察すること
④ 相手に恥をかかせない
⑤ 人間関係を良くするように
⑥ 寛容な心で機転を利かせること

（4）知識

① 能ある鷹は爪を隠すと言われるように
② 常にいろんなことにも関心を持って勉強を進める
③ 自分を磨き人間性が知識を包み込んでいなければならない
④ 内に秘めた教養の積み重ね
⑤ 専門知識を身につけること

（3）態度・動作・表情

① おじぎは指先を揃え相手の目をきちんと見て
② 笑顔で背筋を伸ばして心に張りを持たせること
③ 相手の状況にあった正しい敬語が使える。特に日頃から努力する。
④ その人の態度が美しい身のこなしで自然に表れるように
⑤ 左進右退を守る（進むときは左足から、退くときは右足から）

「（1）身だしなみ」をベースに（2）、（3）……と順に身につけてステップアップしていきましょう。（1）～（5）のどの要素が欠けても**素敵な社会人**とは言えません。

素敵な社会人の条件

(2) 挨拶言葉

① 挨拶は人と人を結ぶ潤滑油の役目をしてくれる
② ビジネス上は特に大切な役目
③ 正しい言葉遣いは大切
④ 相手の目を見て話す
⑤「ハイ」の返事をさわやかにする
⑥「ありがとうございます」の言葉も、さりげなく、さわやかに、心を込めて言う
⑦ 微笑みをもって明るい顔で挨拶する

(1) 身だしなみ

① 清潔感溢れる身だしなみ
② TPO に合った装い
③ 調和がとれていること
④ 体臭に注意する（口臭、体臭、足臭）
⑤ 昔リンカーンは「人間は服装によって服装のように見える」と言ったそうである
⑥ 着る物で人柄が分かることもある
⑦ 制服は素晴らしい
⑧ 人に不快感を与えない服装を心がける

2 自分では気づかない素敵な社会人の条件

(1) 身だしなみ

最初に出会って〇・三秒で印象は決まります。そこで大切なのは、身だしなみです。多くの人の視線は厳しいもの。きちんとした身だしなみは、最低身につけておきたいことです。

身だしなみ（外見）は特に大切ですが、おしゃれと身だしなみは違うということを知りましょう。

身だしなみのポイント

①清潔感あふれる身だしなみ（プレス・クリーニング）
②体臭に注意（汗・香水・足臭・口臭に気をつける）
③服装は、正しく、美しく着用（ボタン・袖まくりしない）
④動きやすい身づくろいをする（長髪・大きなイヤリング・高いヒール）
⑤全体として調和がとれていること（服・ストッキング・化粧・靴など）

⑥ＴＰＯに合わせる（時と場所・目的に沿って合わせる）

（2）挨拶言葉

次に大切なのは、挨拶です。挨拶はなくてはならないもの。相手の心を開いてくれる潤滑油の役をしてくれます。

挨拶のポイント

①明るく、はっきりと挨拶をする。
②特に朝夕の挨拶は、心地良い、プラスの言葉を一言添えると、親しみが湧いてくる。
③相手に届けるような気持ちで心をこめてする。
④言葉の言い終わりを丁寧にする。
⑤「ハイ」の返事をさわやかにする。
⑥「ありがとうございます」の言葉を惜しみなく、さりげなく使う。
⑦微笑みをもって明るい顔で挨拶する。
⑧ビジネス上では挨拶なくしてビジネスなしと言われるくらいである。
⑨家庭においても親が子、子が親に、大切な庭訓である。

⑩挨拶は人付き合いを素敵な関係にしてくれる。

（3）態度・動作・表情

さらに大切なのは、態度・動作・表情です。人前で失礼な所作に気をつけましょう。

態度・動作のポイント

①人の前を通るとき「前を失礼します」と言って通ること。
②人の物をまたがないこと。
③人前で平気で肘をついたり醜態を見せたりしないこと。
④咳をするとき手やティッシュペーパーで口をおおうようにする。
⑤食事のときクチャクチャと音をたてて食べない。
⑥動作は落ち着いて、しかもキビキビとしていること。
⑦背筋をしっかり伸ばし常に心に張りを持たせること。
⑧その人の心が美しい身のこなしとして自然に表れるよう振る舞う。

おじぎ（礼）

日本のおじぎは美しい。きれいなおじぎは見ていても気持ちが良いものです。おじぎが大切だと心得ている人は、すべての行動に心遣いができる、とも言われるくらい大切なことなのです。

作法は、礼に始まり礼に終わると言われます。テレビを見ていても「ハッー」とする美しさを感じることもありますが、「もっときちんとしなさいよ」と言いたくなるようなおじぎにガッカリすることもあり、こんな立派な方が……と、とても残念に思ってしまうことがあります。

では、どのようなおじぎがあるのでしょうか。作法上では真礼（丁寧なおじぎ）・行礼（やや丁寧なおじぎ）・草礼（軽いおじぎ）の三種の礼があり、さらに立礼（立った状態でのおじぎ）・かけ礼（椅子にかけた状態でのおじぎ）・座礼（正座した状態でのおじぎ）があり、それぞれ角度・速度・手の位置が違ってきます。

おじぎは簡単なようで難しいものです。俳優・女優さん達は、しっかりと訓練をしています。美しい立ち居振る舞いで演じているその姿は、とても美しいと思えるものです。誰でも最低限できるポイントがありますので、ぜひ参考にしてほしいものです。

おじぎのポイント

①まず姿勢を正す（背筋をしっかり伸ばす）。
②おじぎの前に相手の目を見る。
③言葉半分、おじぎ半分を心得る。
④指先を揃えること。
⑤おじぎして起き上がったとき、相手の目を見るように。
⑥さわやかな笑みを忘れず用途に合わせ、速度、深さを使い分けるおじぎは、心を伝える大切な役割をしてくれるもの。

心が伝わるおじぎを心がけたいものです。

表情はすべての人柄を表す大切なものです。

表情のポイント

①目の表情は大切、優しい眼差しを心がけるように。
②相手をジロジロ見ないこと。話しながら見るところは、相手の目許から肩・首もと（アクセサリー）から肩・目許の範囲を見て話すと良い。
③親しみやすく、話しやすい雰囲気を心がける。

④笑顔は人の心を優しく包んでくれる何よりのもの。
⑤優しい心が伝わる表情は、大切な心得である。

（4）知識

知識は大切で素晴らしいものですが、（1）身だしなみ、（2）挨拶・態度・動作、（3）表情の三つが備わった上での知識者は、最も素晴らしいでしょう。

知識のポイント

①専門知識を身につけること。
②生き字引きと言われる大切な人になる。
③言葉遣いは特に大切、平素からの慣れを心がける。
④話し方にくせのあること、ぞんざいな言葉、学生言葉に気をつけること。

（5）恕の心　思いやり

知識＋知恵＋思いやりの心を形にかえて、相手の立場になって物事が考えられるのが、恕の心がけです。

恕の心のポイント

①人間関係を良くすること（さりげない心遣いを心がける）。
②基本や基礎をしっかり身につけ物事に筋を通す。
③相手に対する思いやりを持つ。
④機転をきかせる心がけ。
⑤相手に恥をかかせない（特に人前では恥をかかせないこと）。
⑥良い所を褒めてあげる。

以上の綱目をしっかり身につけて、広い世界で自信を持って生きていくことができれば、きっと輝いた素敵な人になります。どこに出ても自信につながり、自分だけが持つ大きな財産になることでしょう。

それが自分のためにもなり、他人のためにもなるものなのです。

人は一人では生きていけません。たとえたった二人きりであっても、思いやりのマナーは必要であり、大切なことではないでしょうか。

以上はすべてではありません。まだまだ深い勉強を心がけてほしいものです。

基本の立ち姿 （男性）（女性）

1．男性目線は水平またはやや上め
　女性目線は水平またはやや下め
2．アゴは上げすぎず下げすぎず
3．肩の力を抜いて胸を張る
4．背筋を伸ばして下腹を引きしめる
5．男性 手はズボンの脇線に小指が当たる
　女性 手は指先を揃えて体の前に「八」の字に置く
6．男性 足下はこぶし大に、つま先を開きかかとを揃える
　女性 足下はつま先も、かかとも揃える
7．男性 Hラインの姿 H手は小指がズボンの脇線に
　女性 Oラインの姿 O手は膝にカタカナの八の字に

※おじぎの前には、きちんとした立ち姿からおじぎをすることが大切である
※相手の目を見て
　言葉半分……ありがとう
　おじぎ半分……ございます
　　　　　　　　　　相手の目を見ること

立礼の基本

目線

・草礼　身長－30cm あたり
・行礼　(身長－30)÷2 あたり
・真礼　(身長－30)÷4 あたり

速度

・草礼（会釈）2拍
・行礼（敬礼）4拍
・真礼（最敬礼）6拍

角度

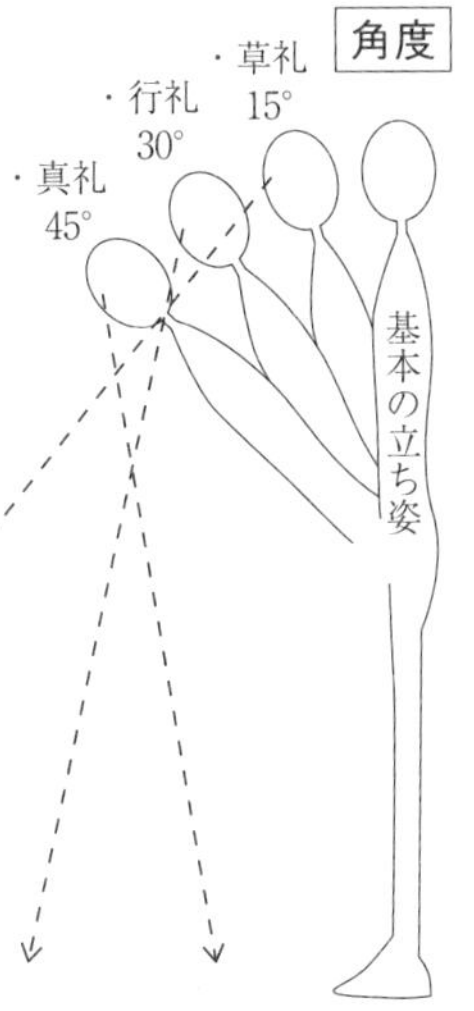

手の位置

基本の立ち姿から
(男性)
・草礼 5､6 センチ下がる
・行礼 太腿あたり
・真礼 膝頭あたり
（両手は前にくる）
(女性)
・草礼 5､6 センチ下がる
・行礼 さらに少し下がる
・真礼 太腿あたり
（両指をくっつける）

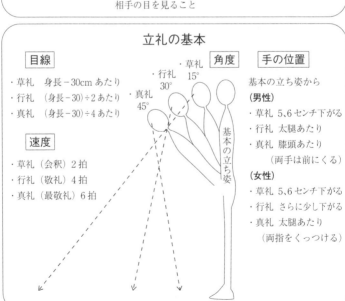

3 ぜひ知っておきたいテーブルマナーなど

（1）洋食

本来、マナーは、テーブルマナーからきています。サービスする人が楽になるように、相手のことを思いやって、楽しく食事ができるように、考えられたのがテーブルマナーです。

マナーとは、ラテン語の「マナーズ」から来ています（でも、ラテン系の人は手づかみで食べていました！）。

和も洋も、基本のマナーは同じです。一緒に食事をしてみれば、人柄や育ちが分かると言われています。最低限の食事マナーの知識を持って、豊かで楽しい人生のための一端に役立ててほしいものです。

西洋料理には、フランス、イギリス、イタリア、ドイツ、スペイン、ロシア、アメリカ料理などがありますが、現代の正餐は、ルイ王朝時代から食事の作法が確立されている事情もあって、フランス料理を指す場合が多いです。

元々食事のマナーは、食べることを楽しむために、周りの人々に迷惑をかけずリラックスして美味しく味わうための心得であって、優雅に参加することが大切なのです。

万一、マナーが分からないときは、周りの人に聞くと良いでしょう。間違ったと気づいたときは、周りを見て、直せば良いのです。

乾杯の音頭をとるときは、洋の場合には、客側のメインの人が行います。

基本四種類

ブレックファースト……………朝食
ランチ……………………………昼食（弁当）
アフタヌーン……………………午後、夕食
ディナー…………………………❶晩餐会　❷午餐会

食卓に着く前の心得

①荷物
・荷物がある場合は、クロークに預ける。
②身だしなみ
・全身のチェック（髪の乱れなど）。
・手を洗う（普通は、お手拭きは出ないため）。

・口紅・化粧をチェック。口紅は押さえる（グラスなどに口紅がつかないように）。
・香水は控えめに（周りの人に不愉快な思いをさせないため）。

①受け付け
・受け付けは十分前までに済ませる。
・席の確認をする。
・周りの人に挨拶をしておく。

④席の位置
・パンからパンの間（パンが左になる）。

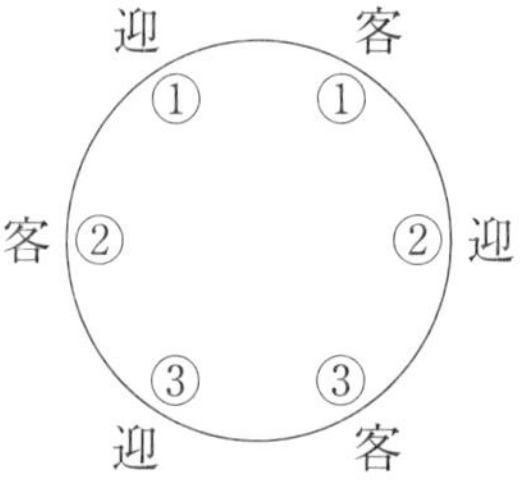

円卓での客と
迎える側のおもな席順

⑤席順
・一般的には、いつでも乾杯ができるように主人と客が隣り合わせの席になっている。

⑥椅子
・椅子は、先に出ていたときは立ったときにしまう必要はない。

⑦乾杯
・グラスは目の高さに上げる。一口飲んで拍手。乾杯と拍手はペアーである。

⑧ナプキンの心得
・ナプキンは、テーブルクロスの共布でできたもので、口の汚れをぬぐうもの。
・乾杯が終わってから、掛けるもの。

⑨ナプキンの付け方
・ベルトにはさまない。帯にはさむ時は帯の下に。
・二つ折りにして、輪になる方を手前にして膝の上に置く。
⑩ナプキンの扱い
・右端の内側を使うこと（使ったあとも表はきれい）。
・中座するときは、椅子の背もたれにかけるか椅子の上に置く（一寸中座しています）。
・基本的に食事の途中に席は立たないこと。万一のときはデザートになってからにする。
⑪食事が終わったときのナプキンの扱い
・食事が終われば軽く畳んで、テーブルの左側に置く。
・ナプキンの畳み方に意味がある。きれいに畳むと「料理は美味しくなかった！」「二度と来たくない」のサインになる。ざっくり畳むと「もう食べ終わりました。美味しかったです」「また来たいです」「また来ます」のサインにもなる。

食事中のマナー

①スープ
・音をたてない（食器の音ももちろんたてない）。
・左手で皿のふちを押さえて、スプーン手前から向こうへすくって食べる。

②ナイフ・フォーク

・ナイフなどは落としたときは、自分で拾わないでサービスマンにまかせる。

③態度

・ナイフ・フォークは外側から順に使用する。

・前かがみで口を近付けない（犬食いと言われている）。

・肘をつかない。

・足を組まない。

④食すスピード

・食すスピードは、周りに合わせる。一人だけ早かったり遅かったりしないよう。

⑤食事中

・食事中は会話と音楽を楽しみながら食すこと。

・食しながら話をしない（口に食物を入れたままは駄目）。

⑥パン

・パンは、スープが終わってから一口ずつ切ってバターをつける。

⑦魚料理

・魚は向きを変えたり裏返したりしないで、身を頭側からナイフでそぎ取り頭と骨と尾を皿の向こう側に寄せ裏身を頂く。

⑧肉料理

・肉料理は一口ずつ切って熱い内に頂くのがポイント。

⑨フルーツ

・フルーツは、ナイフで頂くものと、手で頂くぶどうなどがある。手を使ったときは、片手ずつフィンガーボールで洗ってナプキンでふく。

⑩コーヒー・紅茶

・コーヒー・紅茶のスプーンは、使ったら向こう側に柄を右にして置き、飲み終わったら元の手前に置く。

・原則として、食器などは置かれた場所で頂くこと。

⑪ナイフ・フォークの位置

食事中
ナイフとフォークを
八の字に置く

食後
ナイフとフォークを
そろえて置く

正式なフルコースの順序

食前酒↓オードブル↓スープ↓魚料理↓肉料理↓冷酒茶↓副肉料理↓サラダ↓冷菓↓果物↓コーヒー

食前酒……別室で出されることが多い。
オードブル（前菜）……ディナーへの序曲。
スープ……飲み物ではなく、食べ物である。
パン……スープが終わってから頂く。
魚料理……ポアソンと呼ばれる。
肉料理……アントレ（仏）、メーンディシュ（英）と呼ばれる。
冷酒茶……シャーベットなどが出る。
副肉料理……ロティー（仏）、ロースト（英）と呼ばれる。
サラダ……サラダボールは持ち上げないで頂く。

デザートコース

冷菓……アイスクリーム・プリン・ショートケーキなど。
フルーツ……季節のものが主。

コーヒー……デミタスコーヒー（一口用カップ、口の中の油分をとるために）。

食後酒……正式には別室で、ブランディなどが出る。

ワイン……料理の合間に飲む。魚料理には白ワイン、肉料理には赤ワインが合うという。

（２）パーティ

パーティとは、飲食を共にするもの、人の集まりを目的としたもので、ビジネス上、どういったときに使われるか、食事中心のパーティではなく、歓談中心を目的としているので一人でも多くの方に出席してもらえるよう考え、軽食を楽しむパーティである。

立食パーティの心得

①会場に着く前の心得
・先にディナー、ランチ、バイキング、円卓など、どのようなパーティかを調べておく。
・約束の時間の十五分くらい前に会場に着くこと。
・身だしなみのチェックをすること（香水、口紅のつけすぎに注意）。
・荷物はクロークに預けて、会場へは小さい小荷物だけを持って入る。
②乾杯のマナー

・乾杯は目の高さにグラスを掲げる。
・ホテル側のウエートレスが栓を抜く。
・お客様のグラスにまず注ぐ。
・乾杯の発声の後、飲み物を口にするまでグラスは、下に置かないこと。
・改まった場所では、グラスとグラスを合わせない方が良い。
・一口飲んでグラスを置いて、大きな拍手をする。

③会食のマナー

・フルコースの順に頂く……冷たいものを先に頂いてから温かいものを頂く。
・グラスは、飲み物のベースをかえない限り、同じグラスを使うこと。
・グラスは持って、料理台に行くこと。
・料理台では、時計回りに回る。
・初めにオードブルは、三品か四品くらいとる。
・料理台のところで食べないこと（一度にたくさんとらないこと）。

立食パーティの種類

①カクテルパーティ

・アルコール類の飲み物中心にした軽食中心のパーティ。

・時間……ＰＭ四時〜七時ごろまでの二時間〜三時間。
・装い……礼服または準礼装。男性（タキシード・ブラックスーツ）、女性（カクテルドレス・フォーマルなワンピース）。
・名刺は、パーティが始まる前か別室で出すこと。
・短時間、目上、目下、関係なく歓談できる。
・開催時間中ずっと参加しなくてもよい（早く帰ってもよい）。
・多少の遅刻は許される。
・飲み物のベースを変えないこと。
・新年互礼会・新役員就任式の後、新社屋落成式の後、などに開催される。
・席はなし。

②ビュッフェパーティ

・フランスで十二世紀ごろテーブルをビュッフェと呼び、十七世紀ごろ、食器、そして、現在はカウンターの意味である。
・時間……昼夜どちらでもよい。そのためビジネスに向いている。
・装い……礼装または準礼装。
・料理は一度に出されている（グラスを持って移動すること）。

・席順を決めなくて良い。
・予算的に多少の人数の増減も可能である。
・あらゆる式典に使える。
・フルコースの順番に頂くこと（人の流れに従って歩くこと）。

③ガーデンパーティ

・家族慰安会、社内慰安会などに開催される（栗ひろい、みかん狩りも含まれる）。
・時間……十時～午後三時頃。
・装い……外出着が中心。男性、スーツ・ブレザーでもよい。女性、外出用の上品なワンピース。
・パーティの格は低くないが、野外なので改まらなくても良い。
・天候に左右され、広い場所が必要である（雨の場合も考える）。
・主催側の挨拶は、歩き回らないで一カ所でする。
・庭園なので、夜桜見物まで入る。
・ゴミ・クズを散らかさない。
・庭園でのルールを守ること。
・子どもに勝手なことをさせない。

・雨具も用意しておく。
・料理は、屋台などの場合も多い。

園遊会は、ビクトリア女王の誕生日の祝いに宴されたのが始まりであり、ガーデンパーティと同じ形式だったと言われています。日本では、明治の頃、観菊会が最初に行われました。その後、観桜会が行われました。

現代では、皇居にて招かれた方に、天皇、皇后が話しかけられます。

(3) 日本料理・和食

和食は、我々の先祖が命の源として、残し伝えられた大切な遺産です。和食の原点に触れながら、和食の良さと素晴らしい知恵・永い歴史を学び、和食の深さを知って、一人でも多くの人に伝えていきたいと願います。

日本料理の原点（正式な料理）

① 本膳料理

平安朝末期、貴族社会から発生しました。一般の人々は、麦・粟・ヒエなどを食べていたのに対し、貴族達は、料理人を抱え、主人や客をもてなすために豪華な料理を作っていました。

特徴としては、一品ずつ出すのではなく、すべての料理を膳の上にのせた出しっきりの料理です。従って、配膳方法・献立方法・食べる順序が決まっています。

豪華で、本膳・二の膳・三の膳・与の膳・五の膳を添える場合もあります（但し、与の膳・五の膳はお持ち帰り料理）。

現代では、高級割烹料理店でしか味わうことができませんが、結婚式披露宴が和食の場合は、本膳料理の基本に沿った応用です。お赤飯などはお持ち帰りをしても良いとされます。

また、和食屋の幕の内も、ミニ応用と思って楽しむことができます。その場合も、食礼に則って、順序（例えば、前菜・生もの・煮物・焼き物・酢の物などの順に）を考えて食すと、より楽しむことができます。

②懐石料理

桃山時代～室町時代に完成されました。

文字の如く、石を懐に抱く禅の心から始まっています。その禅の心の料理なので、食礼があり、食し方が決まっています。

禅の心で「温石」と言う言葉があるように、河原で温まった石を懐に入れて寒さと飢えをしのいでいた修行僧達がいました。「温石」のほんのわずかな料理が、最高の食器の中に入れられて、食べる順番に一品ずつ出てくるので、日本のフルコースと言っても過言ではないと思います。

千利休の茶懐石から始まっていて、お茶の中に取り入れて練習したら禅の心が持てるのではないかと、作法の中にお茶が取り入れられました。つまり食礼・残りのものは食器中央に、きれいに頂き、御飯も最後お茶を入れて頂く作法もあります。

③会席料理

江戸時代になって、今まで家で食事していた旦那衆が外の酒屋さんで飲むことがはやりました。そうして料理店が出てきたのです。別名「旦那衆料理」と言われていました。お酒中心の料理と言っても過言ではないでしょう。

料理店ができると、調味料が豊富になってきたり、食材も豊富に使われたりして、料理が研究されるようになりました。明治時代になると肉や揚げ物などが入ってきて、現在に至っています。

調味料（味噌、醤油）が改善され、さらに進歩し研究されてきましたので、素晴らしい料理になったのです。

本膳料理、懐石料理を基本に良いものを取り入れて、席を同じくして会って頂くというところから、会席料理と名付けられたのです。

まずは、三つの料理の種類を把握いたしました。そのうえで、今日的には、
・出しっきりの料理……本膳料理
・一品ずつの料理……懐石料理、会席料理（ただし、会席料理は出しっきりの場合も）
となっています。

また、寺院では精進料理が、そして普茶料理が中国の流れで始まり、現在に至っています。

和食は、もてなす方・もてなされる方も、心が大切です。「物を食べるのに心なんていらないのでは」と思われるでしょうが、もてなす側にとって、美味しく食べて頂き、「美味しいです」と言って頂いたら、心が一番うれしいのではないでしょうか。

心豊かに和食を頂くのに、季節の「き」があります。季節の早どりで松茸をいただいたりすると、「ああ、もう松茸の季節だナア……昨年はお友達が持ってきて下さった……今年は採れないらしい」などと、優しい友人を思い出しながら食すことができるでしょう。季節に合った情緒豊かな料理を味わいながら、思い出しながら、心も豊かになるでしょう。

また、和食には、食器の「き」があります。日本の食器は、世界最高だと言われていま

す。器が料理を引き立たせもすれば、料理が器を引き立たせることもあります。

料亭で使われている器は、高価な物だと心得ましょう。食事は、器も眺めながら楽しみましょう。そして、食器は重ねないで下さい。料亭の食器は高価で大切なものです。

そして和食には、気持ちの「き」があります。「まあこのお漬物美味しいワ」と言ったら、褒めたようでいて、実は、「今まで食したものは美味しくなかった」と言ってしまっていることになります。「まあ、このお漬物も美味しいワ」と、まろやかさが感じられる言葉を発する気持ちがほしいものです。

日本料理で一番大切にされていること

陰陽＝包丁の使い方にあり、『四条流包丁書』が残っているそう。表を陽・大根の皮むき・茶碗は円い。裏を陰・サイの目・ゴボウなど折敷は四角。
五行＝火・木・土・水・金の五行が揃うように配慮されているのが、人間の食物
五味＝五種の味覚
・甘味（かんみ＝あまい、脾臓が好む）
・鹹味（かんみ＝しおからい、肺が好む）
・酸味（さんみ＝すっぱい、肝臓が好む）
・辛味（からみ＝からい、腎臓が好む）

・苦味（にがみ＝にがい、心臓が好む）

五感＝五種の感覚

・視覚（目で見た心地良さ）

・触覚（歯ざわり）

・嗅覚（匂い）

・聴覚（ポリポリと噛む音）

・味覚（のど越しのスムーズな味）

五色＝五種の食品の色

・赤（トマト・リンゴ・ラディシュ・他　赤い食品）

・白（大根・お米・豆腐・白ゴマ・他　白い食品）

・黄（カボチャ・卵の黄身・他　黄色い食品）

・青（みどりの野菜・他　みどりの食品）

・黒（こんぶ・ひじき・わかめ・黒豆・他　黒い食品）

五法＝五種の料理方法

・生もの

・煮物

・焼き物

・揚げ物
・蒸し物

和食に秘められた素晴らしい食文化を大切にしましょう。どれも人間の健康を鑑みた、理に叶ったものです。和食に込められた心遣い、思いやりを受け止めましょう。

特に食卓に、五色の食材で作られたものがあれば健康に良いとされています。見た目もきれいですし、肉や魚も加わっていれば、栄養学的にも十分だと考えられます。

今、日本の和食は世界の人に認められているということを認識して、改めて日常生活の中に取り入れましょう。

土産土法＝今住んでいる土地の三里四方でとれた作物を、その日の内に、その土地の料理法で食すと良いと言われています。

和食を楽しく味わうために

日常生活の中で、和食の心得を知っていないと恥をかくことがあると思います。知り合いの女将さんの話です。「いろんなお客さんに接していますが、あまりにも何も知らない方が多い。そんな中、若くても、お箸の扱い、お椀の扱いができる方がいると、この方は、大勢の中で光って見えます。たぶん出世されると思えました」彼女は、私の生徒さんでもあるのですが、真剣に話してくれました。
この紙上で実技は難しいのですが、以下の作法を参考にして下されば幸いです。

①箸の由来

「箸をはしと言うはくちばしなり、その食をとることの鳥のくちばしの如くなるを言うなり、またはしとは端なり古《いにしえ》には細く削れる竹、または木の中程を折りかがめて、その端とを向かい合わせて食を取りにしにより、かく名付けしなりとあり」

昔の人の知恵に感謝。

②箸の扱い方

・まず割り箸の場合、右手で持ち、左手に持ちかえ、右手で扇子を開くように胸もとで開く。決して顔もとで縦にして左右に開かないこと（なぜならば、例えば子どもがいて、後から人がドーンと当たったとしたら箸で顔だけでなく目や喉を突いても大変ですから）。

・開いた箸は箸置きに置きます。

③椀の扱い方

❶右手で椀の蓋をとり、蓋は横に置く。そのとき、椀は持ち上げないで置いたままで、左手で押さえて右手で蓋をとる。蓋がはずれにくい場合は、左手親指・中指で力強く押すと蓋がとれやすくなる。
❷次に椀を両手で持ち上げ、左手に持ちかえる。
❸右手で箸置きの上の箸の3分の1くらいを持ち、左手小指または薬指に預けて右手を箸の下に回して、左指からはずす。
❹左手の椀を、右手の箸でのの字にかいて汁の中の具を押しやり、そのとき箸は椀に添える。一口汁を吸って、一旦左手はそのままで、右手箸中程を左手の椀の小指か薬指に挟み、右手箸の下になっている手を、上にまわして箸の上になった手で箸置きに置く。椀を両手で元の位置に置く。椀に蓋を元の通りにして置く。

④他の料理のとき
・箸置きの箸を右手で持ち、左手親指上にして持ち、右手下に回して箸を正しく持って食していく。

使った箸を見ればその人が分かります。箸の濡れている箇所が親指一節分の人を上流、二節分の人を中流、三節分の人を下流と言うそうです。

⑤箸のタブーに気をつける

渡しばし　この中の物は全部頂きますになる（欲ばりの意味になる）。

もろおこし　椀と箸を同時に持ってはいけない。

迷いばし　何から食べようかと迷う。

ふりばし　箸を持って振らない。

さぐりばし　何が入っているのかと中身をさぐらない。

ちぎりばし　ナイフ・フォークのようにしない。

わたしばし　食器の上に置かない。

涙ばし　サシミなど醤油をつけてポトポト落とさない。

よせばし　箸で食器を自分の方によせない。

移しばし　箸から相手の箸に移さない。

立てばし　ご飯の上に箸を立てない（ご仏めしになる）。

たたきばし　食器を箸でたたかない。

竹木ばし　お骨拾いのとき使うのでさける。

指しばし　箸で人や物を指してはいけない。

さかさばし　手で持っている方を使って料理を移したりしない。

楊子ばし　楊子がわりにしてはいけない。

⑥箸置きがない場合

箸が箸袋に入っている、入っていない、箸置きがある、ないなど、お店によっていろいろです。箸置きがないときは、箸袋を千代結びなどに折って、箸置きにすると良いでしょう。

千代結び

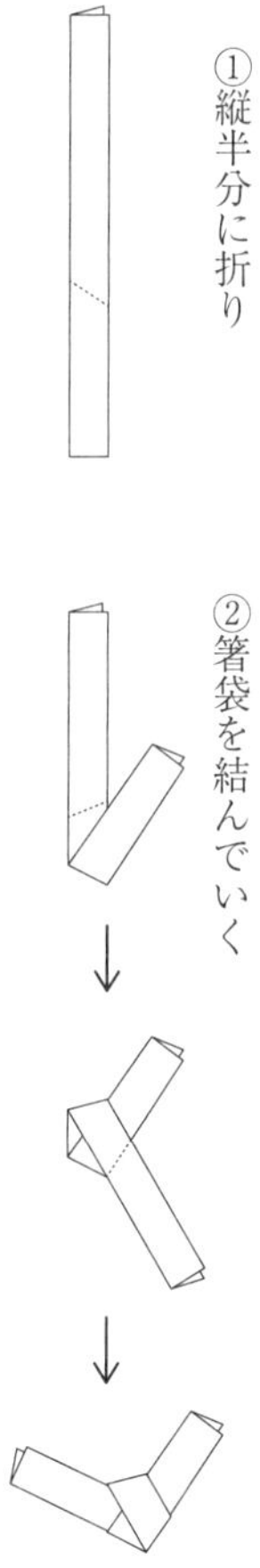
①縦半分に折り
②箸袋を結んでいく

姫結びは袋が小さい場合で、ハの字の出ている部分を折り込むと良い。

①出ている部分を
②中に折り込む

袋を三つ折りにして、**琴のじ**（**琴柱**）のようにしても良い。

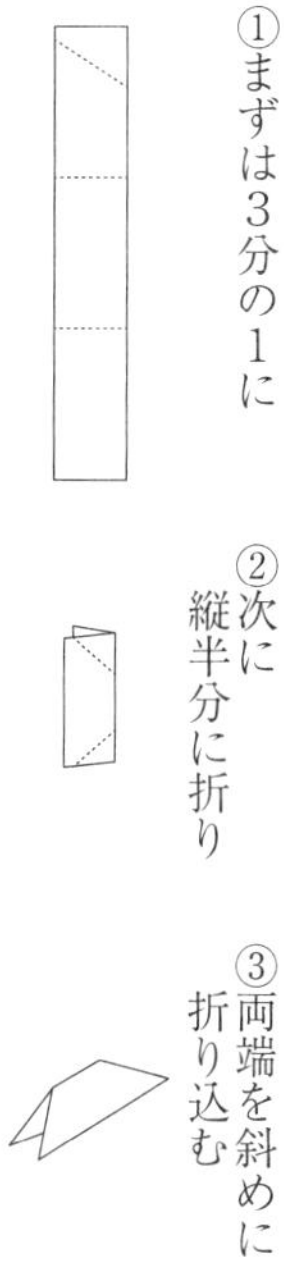
①まずは3分の1に
②次に縦半分に折り
③両端を斜めに折り込む

箸の置き方（お膳がある場合）

	箸置きがある	箸袋がある	箸置きと箸袋がある
食事中	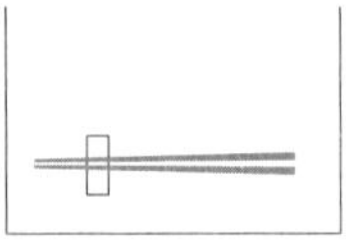 箸置きに戻す。	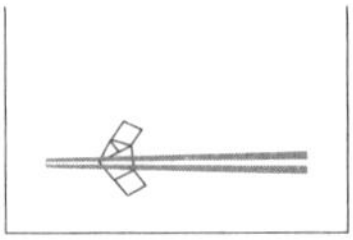 箸袋を折って箸置きとして使う。	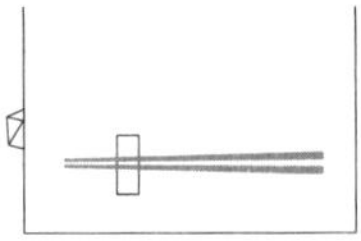 箸置きに戻す。箸袋は折ってお膳の外へ。
食後	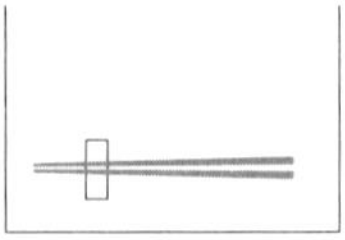 箸置きに戻す。	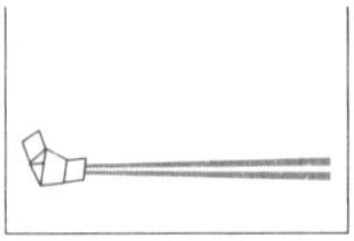 箸袋の中に箸先を入れる。	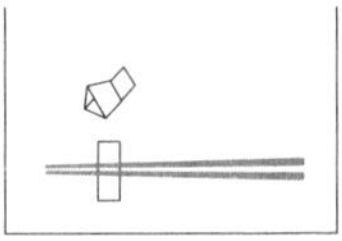 箸置きに戻す。箸袋はお膳の中へ。

箸置きも箸袋もない場合		
配膳時	食事中	食後
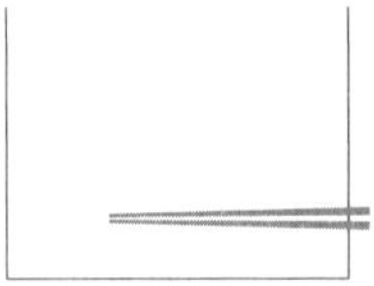 持ち手がお膳のふちに乗っている。	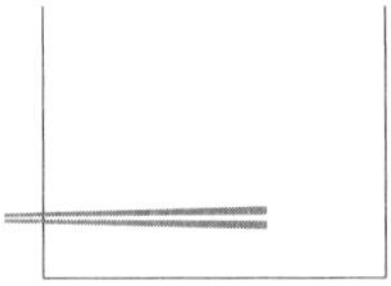 お膳のふちを箸置きとして使う。	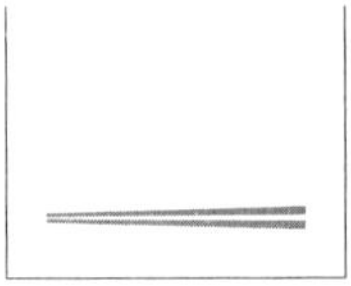 お膳の中に落とす。

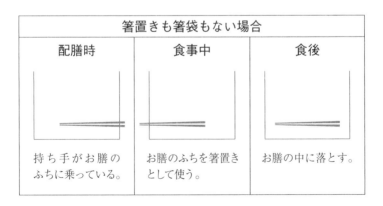

会食の基本心得

食事は、一人で食べるより、大勢でなごやかに食べる方が美味しいし、人間同士が仲よくなる一番の方法は、一緒に食事することとされています。これは、古今東西を通じて同じです。

食べることは、最大の喜びの一つである以上、みんなで、より美味しく楽しいものにしようと、努力した結果出来上がったのが、会食のシキタリです。

「どう食べようと、勝手だ！　好きなように食べるのが一番美味しい」と言うのも分からないではないですが、それでは他人と会食をする資格がありません。他人に不愉快な思いをさせず自分も不快感なく、お互い最低限のルールを守ろうというわけです。

①食事中のマナー

食事中のマナーというと、固苦しく考えられがちですが、決してそうではなく、よく考えてみると、最も無駄がなく美味しく食べられるための最大公約数的な手順の方法がマナーであり、シキタリとなっています。中華または西洋料理など細かく囚われていると、食べにくい向きがありますが、基本的には、他人に不快感や迷惑をかけない範囲で他人のマナー違反を笑ったり責めたりしないことです。シキタリのための会食ではなく、会食のためのシキタリなのです。

❶身だしなみなんてと思うかもしれないが、手を洗ったり、髪の纏めだったり爪・袖口の汚れなどに気をつけてほしいものです。和食では特に大切なのです。TPOに気をつけること。
❷音を立てない、ズルズル、ガチャガチャ、ペチャペチャと口を開けて食べない。うどん、ソーメンなどは良いが、他は音を立てない。
❸器をすらない。持ち上げても良いが、塗り物など高価な物が多いので、重ねても駄目。傷がついたら補充も大変です。特に椀と陶器は絶対に重ねてはいけない。動かして良いのは、グラスやちょこだけ。
❹周りの人に速度を合わせて、お酒のときは仕方がないが、一人だけ早く食べ終わるのは良くない。フルコースは二時間半、和食は一時間半〜二時間を目安にして、速度は向こう三軒両隣を目安にし、周りの人に合わせる。
❺終わった後の食器の中を見る。食べ残しがあれば和の場合は食器の中央に、ご飯はきれいに食べているか、茶碗の中にあちこちついていないか。片付ける人が食器の中の後始末ができているかを見て、その人の育ちが分かると言われるほど、大切なのです。

料理は歴史が大切だと昔から言われています。

「家は一代・着物は二代・食は三代」という言い伝えがあります。

日本での言い方で、「人間は、お金持ちになるとまず家に凝る。お金持ちの状態が二代続くと、衣裳に凝る（本物を求めるようになる）。三代目になって物の味が分かるようになり、美味しい物を大切にするようになる」の意味。

中国では、「富貴三代・方知飲食」と言われます。「昔中国福建省に陣寧公と言うすぐれた人がいました。娘の婚礼の宴席料理に揚子江で獲られる魚（時魚はウロコに脂肪があるので美味とされていた）を出しました。この魚の料理方法を知っているのは、かなり贅沢で食通の人に限られていました。その時魚の腹にウロコをしっかり詰め、そのまま蒸されて出てきたのです。客人は感嘆し、評価が変わりました。

『さすが寧公・富貴三代・方知飲食』（まさに飲食を知る）」です。

これが日本でいう、「家は一代・着物は二代・食は三代」の由来だそうです。

日本料理は「一汁三菜」「二汁五菜」「三汁七菜」と言うように料理を三・五・七の品数で出すものもあり、この場合、ご飯・香の物・デザートは品数に入りません。いずれにしても食べ方のシキタリは変わりません。

最近では、正式な本膳くずしや会席料理は少なく、西洋料理や中華料理が混ざっていることがあります。この場合でも食べ方は、基本的な食べ方に従えばまず間違いはないのです。

あらゆる場所で終始作法通りにしていたら、気骨が折れると言われることがありますが一応心得ておいて、ＴＰＯに応じて、くつろいだ食べ方をすればよいでしょう。但し、理屈に叶った食べ方、美味しく頂く食べ方が大切で、急に思い出して行うより少しずつ毎日の食卓で気をつけていくと良いでしょう。

②配膳の仕方

例えば料理屋さんの料理がどのように並べられているか配膳の仕方を学び、自宅でも参考にしましょう。

食事中心型

・頂き方は反時計回り。
・加熱してないもの～温かいものへ。
・本膳料理などいっぱい並べているときも冷たいものから～温かいものに。

※立食パーティなどのときも冷たい料理から頂くということを覚えておくことです。

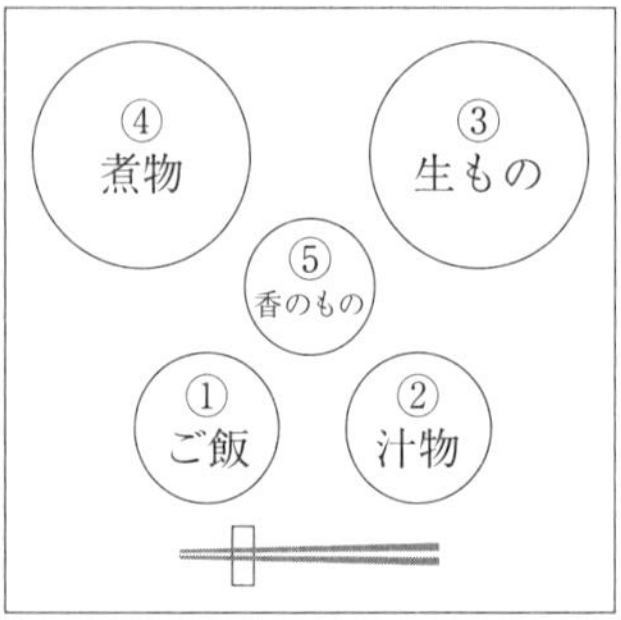

酒中心型

・頃合いを見て、一品ずつ、生もの、煮物、焼き物、酢の物、揚げ物……と出てきます。

新日本料理（現代的新日本料理中心型）

・昔は、ねこ足膳の上や折敷の上に出されていた料理を頂いていましたが、今は、テーブルの上が多いので、中心より左は、左手に持って頂き、右は持ち上げないで食器はそのままにして頂きます。

生ものなど頂くとき懐紙で受けて食すことをお勧めします。懐紙は昔の人が懐に入れて

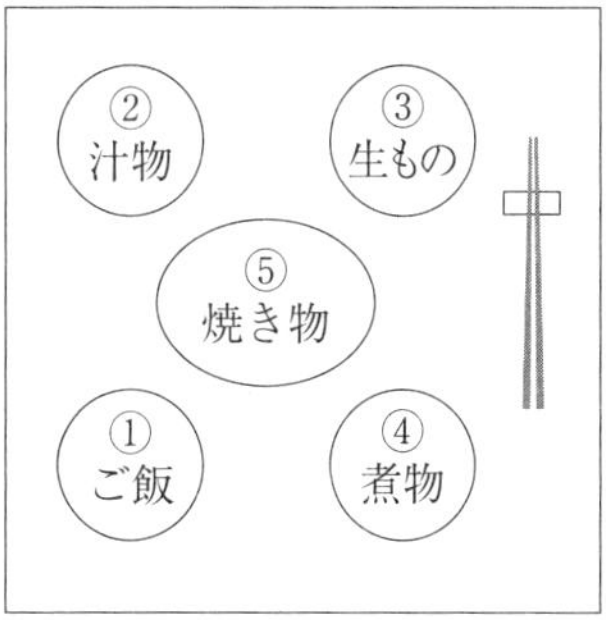

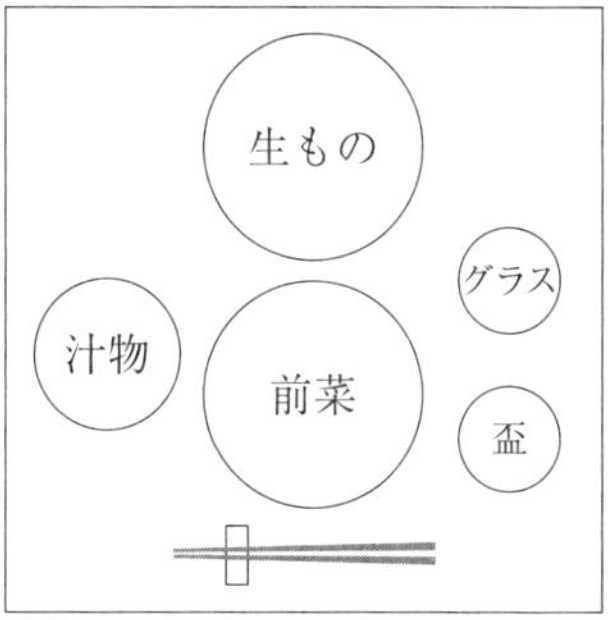

いて和歌を詠んだりしていた紙です。現代では茶道の茶菓子を頂くために使われていますが、一般の人も鞄の中に入れておいていろんなことに使って頂きたいものです。

③卓袱《しっぽく》料理

日本と中国、西洋の食文化が調和した伝統料理、長崎生まれの料理。朱塗りの大きな円卓に盛り合わせてあるいろんな料理を取り皿にとって食す。

特徴は、おひれ（鯛を一匹使いましたという意味で椀の中に鯛の吸い物風が入っている）

・口とり……小さな前菜

・揚げ物……いろいろ

・大鉢……煮物の炊き合わせ

・梅椀……口直しでおしるこ風で、あまり甘くない

④土用の丑の日とうなぎ

江戸時代から始まったと言われています。

平賀源内（幕末の蘭学者）が、夏枯れで困っているうなぎ屋に頼まれて、看板を書いたのが始まりとか。「今日は土用の丑の日」と、源内は、万葉集の、大伴家持の歌を思い出したそうで、万葉集の、

「石麿《いわまろ》に我れもの申す夏やせによしと言うものぞむなぎとり召せ」

訳は「夏の土用の丑の日に、うなぎを食べれば、夏ヤセを防ぐことができる」の意味。これが、大評判になり、江戸のうなぎ屋が大繁盛した、と言い伝えられています。また、東京神田のうなぎ屋が、殿に献上するため子丑寅の三日間、カバ焼きして土ガメに入れ、封をし、納品の日に取り出すと、丑の日に焼いたものだけが異常なかった……とか。

カバ焼きは、串にさした形が蒲の穂に似ているところから名づけられました。粉サンショウには、消化を助ける働きがあります。医食同源などなど。日本の食文化も素晴らしいものがいっぱいあります。土用の丑の日は、暦の中にあります。

日本には、さまざまなすばらしい文化が息づいていますが、中でも和食には、日本の長い歴史の中で育まれた大切な生活の知恵がたくさん詰まっています。例えば年末に年越しそばを食すのにも意味がありますし、お正月のお節料理、祝膳などは、ご先祖様が海の幸、山の幸、野の幸、発酵食品など身体によいものを苦労して残してくださった賜です。

その和食は、二〇一三年に無形文化遺産に登録されました。登録に尽力して下さった方々に敬意を表しますと同時に、日本に生まれた私達は本当に幸せだと、心から思います。

今は海外にも多くの和食店が出店し、海外からは多くの方が和食を求めて来日してくださっていることは、とても誇らしいことだと思います。私達も日本人として改めて和食のすばらしさを見直し、その伝統をさらにしっかり学んでいきましょう。

（4）中国料理

中国料理は、不老長寿を願う滋養の高さで多彩な材料、多様な調理法により広く愛され、食卓を共に囲んで社交上重要な意義を認め発達してきたものです。礼を重んじる中国では種々の決まりがありますが、現代ではあまり形式にとらわれないが独特のテーブルマナーがあります。

中国料理の種類

①四川料理
・寒い所なのでニンニク・トウガラシをよく使う。
・味は濃い。麻婆豆腐・ザーサイが代表的。

②北京料理
・中国の代表料理……バラエティ料理（宮廷料理として受け継がれている）。
・味は濃いが上品。油を多く使用し、塩味・あっさりした味。
代表……北京ダックは有名（宮廷料理＋北京料理がミックスされた）。鯉の丸揚げ。

③上海料理
・米の産地ゆえ、魚介類をたっぷり使った料理が多い。
・味は濃く、砂糖・醤油でこってり味。
代表……上海ガニ。日本人好みの味。
④広東料理
・欧米との交流が多いため、王者格のさっぱり味。油分少ない。
代表……カニ玉・酢豚。「食は広州にあり」と言われている。
⑤その他
薬膳料理・海鮮料理（さっぱりした海の幸料理）がある。

食卓の整え方
・正式には四角の食卓を八人で囲む。
・偶数を縁起の良い数として、卓八人〜十人。
・現在では円卓も多い。
・正式には、着席前に控室で、お茶・スイカ・カボチャの種・おしぼりなどが出される。

席次

・入口に遠い方の席が上座。
・常に右の方を上座と留意すること。

四角の食卓の場合

円卓の場合

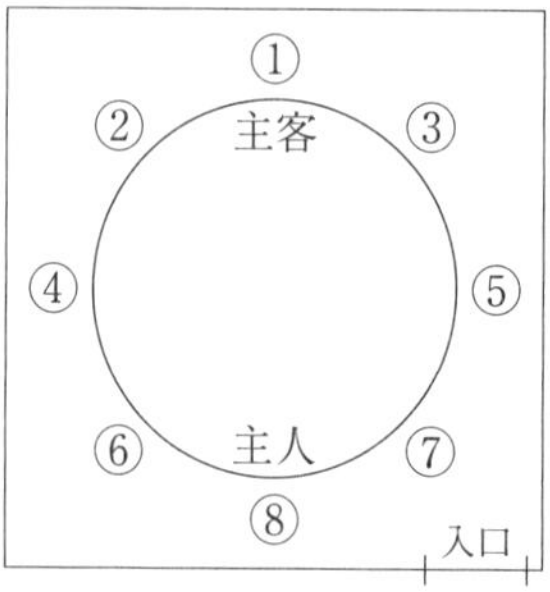

①主客、⑧主人。その間は客と迎える側が交互に座ることが多い。

中国では上座を北にとる決まりがあるが、部屋の向きや入口の位置で変わる場合もある。

主客と主人は向かい合うのが原則。従って、勝手に座らないこと。

食器の配置

・各自の席の前にあらかじめ用意されている。

料理の大別

前菜→スープ→肉料理→魚料理→野菜料理→点心

点心になれば酒をやめる（点心とはデザート）

（冷たい料理前菜～熱い料理主菜～デザート点心までの品数は、三十種類～百種に及ぶ場合もある）

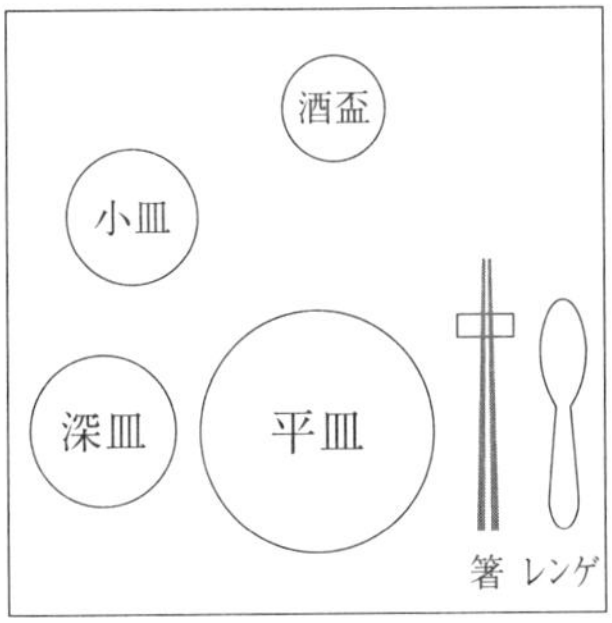

配膳例１

配膳例２

①基本的心得

・大皿盛りから取り分けは、各自一箸が原則。
・最初に運ばれる料理で、コースのランクが決まる。
・最高のコース料理は、スープが淡泊な燕の泡雪汁である（次はふかひれのスープ）。
・点心はデザートなので、点心に入ったら酒はやめること。
・汁けの多いものは、取り皿を近づけて取る。

②基本的マナー

・スープはちりれんげを使う。飲むときに音をたてない。
・ターンテーブルは、時計回りに回す。左右どちらの料理でも取って良い。
・フィンガーボール（中国式）は、両手を一度に入れる（和は片手ずつ）。
・一人で同じ料理を取らない。
・ウエーターが取り分けてくれるときは任せる。
・取り皿に取った料理は、残さないで全部食べること。

乾杯

着席後、主賓から主人まで酒が注がれたら、一同立って乾杯。主人が乾杯・主賓が返礼の乾杯をする。

飲んだら杯の底を見せる、一気飲みが正式（飲めない人は軽く、口だけつけること）。

コースの心得（酒の種類…老酒、紹興酒、その他）

①まず主賓が手をつけ順に回す（一箸が原則）。
②自分の所に回ってくるまで箸を置いて待つ。
③丸テーブルにのせたままで盛り皿の手前から取り、山をくずさない。
④料理は何度取っても良いので、食べられる量だけ取る。
⑤薬味は薬味皿に取り、箸の先で料理につけて食す。
⑥皿は原則として途中で変えない（料理が変わったときに変えても良い）。
⑦骨付き鶏肉料理は手を使って良い。
⑧箸は返し箸にしない。
⑨箸は皿の上に置かない。食卓の右横上に縦に置く場合が多い。横もあるが、現代は縦が多い。
⑩満腹のときは、ご飯・茶に手をつけなくても失礼にならない。

終わったときは、必ず自分の周りを見て、きれいにして「ご馳走様でした」と言って帰ることも大切です。

現代では、中華料理店でいろんな単品メニューがあるので、好きな物を注文して好きなように食べていますが、ときにはコースを経験するとよいでしょう。マナーを知っておくと、いざと言うとき役に立ちます。贅沢ではなく、勉強として専門のお店で経験し覚えておくと、いざと言うとき役にも立つし、周りの人にも教えてあげてほしいものです。

薬膳料理

薬膳料理とは、体を丈夫に、長寿を目指し、生薬と食品を組み合わせ、美味しく調理した料理です。漢方ブームとグルメブームが一緒になって生まれたような薬膳料理が流行っています。

数千年前、商の時代に、葯膳という字で書物に記されています。元は、宮廷料理の流れを汲むもので、宮廷の医者が帝王の体に合わせて、珍しい材料や高価な生薬を取り入れて作ったものです。

薬膳に使われる薬材は、特別のものだけでなく、普通の食品の場合もあります。

子どもに甘い物を食べさせすぎると、疳積と言って、喘息などの病気にかかりやすくなると言います。そのため、たとえ皇帝であっても厳しい食生活の制限を受けていたとか。

清朝の「ラストエンペラー」となった宣統帝は、「私の前半生の中で子ども時代は、空腹でつらかった」と思い出を綴っているそうです。

今、中国では、一人っ子政策のために都会の子どもは甘やかされ、チョコレート、アイスクリームなど甘い物を過食する傾向があるそうです。そのため、息切れ・疲れやすい・咳・風邪をひきやすいといった子どもが増えていましたが、子ども達に、雑穀（特に粟と黒豆）を煮込んだものを中心に食事をさせると、数カ月で改善する例がでてきています。

その他、薬膳料理の効能を示す例はたくさんありますが、薬膳の本の内容から勝手に創作しては危険です!!　なぜならば、薬膳は、長い歴史の中で人体実験を経て「食事療法として価値あり」とされたメニューだけが書物の中に残っています。薬膳を勉強している人にきちんと教わり、勝手にしては駄目な場合があるということを知りましょう。

4 エピソード集

エピソード①〈礼儀は人が評価するもの〉

夏休みのある日、小学生の子どもマナー教室に依頼されて、行きました（応募者が多く定員オーバでさせて頂きました）。

一年生から六年生と、父兄を一緒に教えるのは、とても大変でしたが、アシスタント二人とともに懸命に頑張りました。結果、五年生の男の子が、マナー教室が終わった後に、職員室に担任の先生を訪ねて行ったとき、トントントンとノックをして「失礼いたします」と、規律正しく、先生も驚かれるほどおじぎもきれいにしていました。そのしぐさに先生は、「まあ！　感心だね、マナー教室に行ってきたんだ……明日からでもデパートの店員になれるね」とおっしゃったそうです。

マナー教室後の感想文にはそれぞれいろいろ書かれていましたが、「おじぎが三種あるのは知らなかった」とか「マナーは大切なことだ！」などなど多く書いてくれていて、私も子ども達の素直な心に触れたことはとてもうれしかった。一、二年生には難しかったかもしれませんが。

お茶の飲み方や、「いただきます・ごちそうさま」は元気良く言うことなど、父兄の方も「勉強になりました」と言って下さったので、良かった！　と思っています。

もっといっぱいボランティアがしたかったのですが、とても多忙だったり、なかなか時間が合わなかったりで。でもそのときの経験は、改めてマナーというものを考えるきっかけにもなりました。

五年生の男の子が頑張ったことは、本人も懸命だっただろうが、他の人（この場合は先生）が認めて下さいました。評価は、自分ではなく、他人がして下さるものであるということをつくづく悟らせて頂きました。

エピソード②〈ＴＰＯに合わせた身なりの大切さ〉

あるとき、知人のＯさんが「聞いて下さい」と言って来られ、その話を聞いて、私は身がすくむ思いをしました。

Ｏさんは、友人が「ホテルで会いましょう」と誘って下さったので、ホテルのエレベーターに乗ったのだそうです。そこにＳさんが乗って来られ、彼女を頭から足下までジロジロと見たのだとか。見られているＯさんは身がすくむ思いをしたのですが、「途中で降りたくても途中で降りるわけにもいかないし、友人は最上階で待っているし……で、本当につらかった！」と話されたのです。

彼女は、お金持ちですが、質素で倹約家の方です。自分には厳しく人には優しい方なので、私は彼女を素晴らしいと思っていましたが、やはり身だしなみは……？　……結論は、いかにどうであろうと、人をジロジロ見ることは何より失礼だし、身なりで人を判断しては駄目です。ですが、ＴＰＯに合わせる身だしなみを考えることは大切なことです。

Ｏさんには、私なりに話しました。それ以後のＯさんは、二度とそんな思いをしないように意識されています。

これは私にとって大いに考えさせられたことでした！

エピソード③〈急遽行われた和食のレッスン〉

大学生の孫が来宅したときのことです。

予告なしで昼食時に寄ってくれたので「どうしよう？」と思いましたが、夕食のために近所のお魚屋さんでお刺し身を買っていたので、煮物は昨日の煮しめがあり、お吸い物を作り、シャケを焼いて、キュウリで酢の物……で一応「教材」が整いました。生もの（お刺し身）があったので、それは滅多にないチャンスでした。

まず、「和食の頂き方というのがあってね……」とか話しながら、

①箸の割り方（扇子を開くように……）箸置きに預ける。

②吸い物椀の蓋を取り（取りにくいときは、左手、中指・親指で椀のフチを押さえると蓋が開きやすくなる）、横に蓋を置く。
③両手で椀を持ち上げ左手に持つ。
④右手で箸（上から１／３くらいの所）を持ち、左手椀の下の薬指か小指の間に箸の中程を挟んで右手で、箸の上から下に回し食事をするように持つ。
⑤椀の中、のの字を書くように回して、中の具《ぐ》を押しやり、箸は、椀の手前ふちに沿わせて一口吸って（ああ美味しいといった表情になる）箸を置いて椀も置く。箸はまた中指の間に入れ下になっている右手箸を上に回して箸を置く（吸い物を先に吸うと、箸を湿らせるのでご飯が箸にくっつきにくくなるためでもある）。
⑥生ものは刺し身。まず、ご飯を一口食べて生ものを食べるが、またご飯を食べて、口の中をゼロにして次の料理を食べると、前の味と後の味が交わらなくて料理を美味しく食べることができる。そして味の薄いものから濃いもの、冷たいものから温かいものを食べるのが良いとか教えながら（バイキングなども）、孫も「本当だ！　それぞれの味の違いがハッキリ分かる！」とか言いながら楽しく食す。
⑦最後は、椀の蓋は元のようにするが、特別の良い椀で蓋の裏に特別な絵が描かれていれば裏返して絵を見せるが、普通は元のようにして置き、蓋を一寸だけずらして置くと食べているサインにもなると楽しく教えました。孫は「なるほど！　なるほど！」と言いなが

ら納得して食べてくれ、偶然の来訪に教材がそろって本当に良かった！　教えることができて良かった！　とつくづく思っております。

エピソード④〈学ぶ姿勢、興味を持つことの大切さ〉

1、呉服屋さんの売り出しに誘われて行ったときのことです。誘って下さった友人の友達と同席し、幕の内弁当を御馳走になりました。美味しく楽しく終わったはずでしたが、その方の器を見た途端に、本当に驚きました。

ご飯は器の中に散らばって残っているし、残し物も散らばっていて……。見て見ないふりをしたものの気持ちが悪くなるし、立派なことを言われていても、尊敬できませんでした。何十年も前のことなのに、今でも鮮明に覚えていますが、これを洗って片付ける方は、大変だと思ってしまったものです。今でもときどきそのような方を見掛けますが……。

※ご飯はきれいに食べましょう。万一食べられなくて残すのであれば、片角に纏めて、他の残り物は、中央に纏めておきましょう。

2、ホテルで花嫁講座が開催され、ある専門学校の女子生徒の和食のマナー指導を依頼されたときのことです。

それはそれは皆さん真剣に目を輝かせて聞いてくれ、終わってもいろいろと質問もあり、有意義な時間を過ごしました。

まず箸袋・箸の割り方・吸い物椀の扱い方など……和食も美味しく、予定のときが過ぎるほど、熱心に受講して下さり、またお会いしましょうと言って終了致しました。

その後、分厚い封書が届いて、中には写真と皆さんのうれしい感想文が入っていました。ほとんどの方が「知らないことばかりで楽しかったです」とか「今まで誰も教えてくれなかったので日本人として日本の文化を少しでも守っていきます」「親からも教えてもらってなかった！」「美味しい料理の頂き方は、とても良い勉強になりました」などなど。

また、参加できなかった生徒さんまでが、お友達からいろいろ聞いて参加できませんでしたが……いつかまた先生の講座に参加させて頂きたいなどと書かれていて、私は今でも大切に持っています。

学生達にとって、少々高価な和食は、度々食事に行けなくても、配膳でご飯は左、汁は右が基本であると、家庭でもしっかり家族の方に教え伝えてくれていると、信じております。
※〝教うるは、学ぶのなかばなりけり〟は、私のために言って下さったのだと強く思ったものです。

エピソード⑤〈いろいろな場面から〉

1、ある晩餐会の会場で、一人の参加者がフィンガーボールの水を飲んだそうです。すると隣にいた人も同じように飲んだそうです。何ということでしょう。周りの方が誰も「間違っている……」とは言いませんでした。言ってあげない方が良いことなのか、言ってあげる方が良かったのか、大きな問題となりました。そっと教えてあげた方が良かったのでしょうか。

2、友人と楽しい旅をしていたときのこと。美味しい食事が終わり、ナプキンを膝から外し、ざっくり畳んで置いたとき、前の席にいた友人が私の方を見て、笑いながら「岡崎さんらしくない……」と言うのです。前を見てみると、彼女はナプキンをきちんと畳んでいました。

周りの人達が私の方を一斉に見ているという視線を感じました。

そこで、私は友人に小声で「これはね、このような意味で……」と伝え、相手に恥をかかせないように終わったものの、いつまでもあのときのことを忘れられないのは、マナーを知らない人に人前で恥をかかされたという思いがあったためかもしれません。

3、ある時、自宅に来客があったので、料理屋さんにお食事を頼みました。ところが、届けられたお食事とともに使用済みの割り箸が紛れ込んでいました。おそらくは、食後の箸をそのまま箸袋に戻した方がいらして、お店側はそれを未使用のものと勘違いをしたのでしょう。危うくお客様にお出しするところでした。

食後、使用した割り箸を箸袋に戻すのはマナーにかなっていますが、その際には必ず箸袋の先を少し折るなどして、使用済みだと分かるようにしましょう。ちょっとしたことですが、そうした心がけが大切なのです。

4、楽しい音楽会（コーラス）二十五周年に出演し、美しい衣装を身にまとい、アンコールで終わり、後は楽しい打ち上げでした。ホテルでの美味しい食事のときに、いかに多くの友人が作法を知らないかを私は目の当たりにしてしまいました。

パン一つ丸ごと持ってバターを付けて口にしている方などを見ながら、食事の作法を知っているか知らないかの差が大きく表れていました。

私に作法を尋ねてくれた方には、パンの食し方からスープの食し方などを教えてあげることができました。このときの食事をしている方の姿は、私のその後の人生に多大な影響を及ぼしました。

5、着物学苑の生徒の一人が、ある日私に「息子の婚約者家族と顔合わせのために東京に行ってきました。先生にいろいろ教えて頂いていましたので、無事に楽しく食事会にも不安はなく過ごせて良かったです。先生のお陰です。有難うございました」と言ってくださいました。

私は、「良かったですね。私のお陰ではなく、貴女の学ぶ心があったからで貴女のお陰ですよ」という思いを伝えました。

生徒さんが喜んでくださって本当に良かった、これからも頑張って教え伝えていかなくてはという思いを強くした私でした。

エピソード⑥〈知らないと迷惑をかけることも〉

友人と新しくできたホテルに食事に行ったときのことです。「美味しいね！」と言いながら少し高級な昼食を心豊かに楽しんでいたとき、突然、隣のテーブル席に来ていた紳士二人が、「スープ皿が熱くて持てない。手をやけどしてしまった！」と、ウエーターに文句を言い、「責任者を呼べ！」と怒り出しました。

何ということでしょう。ホテルの方は、ただただ「申し訳ございませんでした」と、言い訳もしないで納められていらっしゃいました。

スープ皿は、本来手に持つものではありません。持って良いのはカップ状のもののみであり、コースのときの食器は手に持ちません。

私達は、さすがにホテルの方は対応がすばらしいと感心した反面、紳士は自分が間違っているのも知らずにこんなに騒いで、大人として恥ずかしいと思いました。おそらくは周囲の人々から心の中で笑われていることを知らないだけでなく、和やかに食事をしている雰囲気をこわして迷惑をかけていることにも気づいていないようでした。

食事のマナーを勉強しないと恥もかくし、人に迷惑をかけることにもなるということを学んだひとときとなりました。

エピソード⑦〈忘れられない方々〉

1、神戸の専門学校で卒業式の日のこと。生徒A君が退場するとき、私に近づき、「先生有難うございました、先生は、教育テレビに出ているような先生でした。何もお礼することができませんが、これを！」と言って卒業生がつけている赤いリボンをはずして、私の胸につけてくれました。思わず「有難う、良い社会人になって下さいね」と涙を抑えて言ったことを今も忘れられない思い出として残っております。

A君は立派な社会人になって活躍してくれていることと信じています。

2、岡山の専門学校で、授業中に「先生！　僕はこんな難しい敬語は使わないと思います。だから敬語の勉強は必要ないと思います」と言って来たB君。私はB君に「貴方は将来どんな仕事につきたいの？」「貴方が言葉遣いの悪い社員なら、社長は会社の大切なお得意さんの所には連れて行かれないでしょう」「将来貴方が社長さんになっていたら、言葉遣いやマナーの悪い社員を大事な方の所に連れて行きますか？」などと長い時間をかけて話しました。その結果、B君は、「分かりました！　すみませんでした」と言い、その日出した宿題を次の授業に完全に解答し、期末テストも完璧な成績だったのを思い出します。

今彼はきっと出世コースを歩まれていることでしょう。

3、同じ岡山の専門学校で、後輩になるC君が授業後、うれしそうな顔をし、私の所に来て、「先生有難うございました！　この前就職試験を受けに行って、内定もらってきました。先生のお陰です」と報告してきました。「おめでとう、良かったね、それは、先生のお陰ではなくて、貴方のお陰ですよ」と答えると、「先生に教えてもらった通りにしたら、社長さんが、君は、マナーが良いねーと言って下さって、大勢の中で内定を頂いたので、先生のお陰です」と。その言葉にまた私は「先生は貴方に教える責任や義務の基に指導させて頂いているので、貴方が素直に先生のことを聞いて信じて下さったから……」とか言い交わしました。

本当にうれしかったのは、Ｃ君が人に対する感謝の心を持っていたことです。これからも、自分が偉いからでなく、何でも感謝できる社会人に育ち、周りの人々にも好かれ、活躍してくれていると信じております。

エピソード⑧（マナーは若いうちに身につければ一生役に立つ）

以前、ある会合の後で知り合いの大学の教授から、「先生、私の大学にとても頭の良い子がいるのですが、どうもこのまま彼を世間に出してもマナー的に欠けているようで心配なので、見てやっていただけませんか?」と頼まれました。私は、「どうしよう」と戸惑いました。一人だけ預かって教える時間もないし、責任もあるし……でもせっかくの依頼を断るわけにもいきません。少しお時間をいただき、一大決心で、友人の甥御さん（就職前の大学生）も誘って、生徒二人でマナーのレッスンをはじめることに致しました。

就職に役立つこと、ビジネスマナーのことを、毎週時間を決めて三カ月間必死で教えさせていただきました。すると、テーブルマナー、和食や中華のレッスンはどうすれば良いのかと問題になり……結局はステーキ肉を買ってきて焼き、、スープも作り、ナイフとフォークの使い方を指導しました。二人は美味しいと喜んで食べてくれました。また、違う日にはお刺し身を購入し、和食もひと通り作って、お箸の扱い方、お椀の扱い方、食べ方の順序まで、私の気持ちで、いっぱいいっぱいさせていただきました。二人にはとても喜ばれました。

先の大学教授は、「彼は、ずいぶん変わってくれました。私も安心して地元の大学に推薦してやれます」と、喜んでくださいました。

彼はとても頭の良い子でした。無事、大学に就職されました。

一度だけ街中でお会いしました。「今も先生にお教えしていただいたことを守っておりますよ」と、うれしそうに話してくれました。

もう一人の友人の甥御さんは、住友系列の会社に就職（「君はマナーが良いね」と言われたそうです）。海外に派遣され、海外生活も長く、テーブルマナーはとても役に立っていたり、知人宅を訪問するときやコーヒー、紅茶のマナーもずいぶんと役に立っているとのことでした。

振り返ってみますと、人間の体は食物からできています。その食物が悪ければ、体は悪くなります。食事は心を豊かにしてくれ、ストレスも無くしてくれます。

食事のマナーを身につけて、楽しい食生活に心がけましょう。特に昔の方が教えてくれている地産地消（土産土法）を大切にしていくべきだと思っております。

5 生涯学習としてのマナーに心がける

人が「あの方は本当に素敵な方」だと認めて下さるのは、五段階の条件（身だしなみ、挨拶言葉、態度・動作・表情、知識、恕の心）をすべてクリアできている人だと言われます。しかし全部備わっている人は、ごくわずか……。なかなか完璧にできるのは、難しいのですが、やはり学んで、気づくことは大切なことなのです。

自分ができて満足するのではなく、人から見て、認められることが大切なことなのです。

ではどのようにすれば良いでしょうか？

まず五段階の要点を、繰り返し繰り返し実践して下さい。生涯学ぶことは素晴らしいことです。

きっと貴女も素晴らしい人物に生まれ変わって、輝いていらっしゃると信じております。

きれいな言葉遣いは、普段使っていないとなかなか慣れるものではありません。社会に出て活躍なさる方は、特に敬語を正しく使った方が良いと思います。

「きれいな言葉を使っている人は顔が三割増しきれいに見えるものなのよ」と、ＮＨＫの朝ドラ「ひらり」の中の名ゼリフに感心致しました。

品格とか気品の基は、内側からの輝きによるものです。内に秘められた〝教養の積み重ね〟。心の豊かな方は輝いています。その心をどのように磨いていくか？

マナーは「躾＋エチケット」です。躾は、着物の仕付け糸から来ているそうです（着物は仕立て上がると、仕付け糸をはずしてもきちんとしている）。躾は「身が美しい」と同時に、人の心を表した言葉でもあるのです。

子どものころからしぐさや言葉で教える躾。躾は家庭で親が教えるもので、躾を受けている人は、身心共に美しく豊かな人生が過ごせるが、躾が身についていない人は「親の顔が見てみたい」とか言われてしまいます。

「語る人尊し後ろ姿で語る人さらに尊し」、子どもは、親の姿を見ています。庭訓と言われ、親の姿を見て育つのは、大切だと思います。

ある方が、子どもの行為を見かねて注意したところ、その子どもが「クソババア……」と言いました！「この子の家では親が誰かにそう言っているのであろうと、恐怖心を覚えた」とその方が話されたのを、私も恐怖心を覚えながら聞いていました。

日本の礼儀作法には、永い歴史の華麗な伝統が息《いき》づいています。

なぜ作法が大切か、日本文化の原点の良い所だけ残され、受け継がれていて、理に叶ったシキタリや語源を知れば知るほど素晴らしいと思います。

作法を一人でも多くの方に知って頂き、親から子へ、子から孫に……周りの方へと教え伝えていくためには、まず、私達は衿を正してさらに学んでいかなければなりません。日本文化を今一度大切に考えてほしいものです。

マナーは心です。教え伝えながら……老いても学んで参ります。

おわりに

人生を豊かに生きるマナー教育、マナーの向上という課題は、社会生活のあらゆる場面において大きく存在します。

そして、人間心理が深く関わっているがゆえに、どんな時代にも、その時代に合わせたマナーの向上は重要なテーマです。

人は独りでは生きていけません。人と人との交流の場面には必ずマナーが存在し、良いマナーのあるところには、良い人間関係が生まれます。

人間が、社会的に健全に幸福に生活するためには、乳児期から成人期に至るまで各年代で学び、身につける課題を実践することが大切です。赤ちゃんは泣くのが仕事、子どもはよく遊びよく学ぶのが仕事と言われます。各年代の成長課題は、各年代の仕事です。

自分を成長させる仕事（課題の実践）の階段を一段ずつ進み体が成長するころには、自分に自信を持って精神的に自立するように導くことが、親をはじめ子どもの成長に関わる者の大切な役目です。

親が子どもに与える一番大切なことは、「自己肯定感」だと言われます。親に愛され育てられる中で、自分は大切な存在であると認識できるのです。自分を肯定し、自分を励まし、自分を高めようとする原動力になります。

本書は、人生を豊かに生きる生涯学習を、次の三分野からまとめました。

【一】社会的なマナーを身につける学習
　―人間の発達の道すじと発達課題―
【二】コミュニケーションマナーの心理学
　―カウンセリング心理と色彩心理からのアプローチ―
【三】生涯学習としてのマナー
　―素敵な社会人の条件とテーブルマナーなど―

人生は平坦な道ばかりではありません。挫折しそうになったとき頭に浮かぶのは、親をはじめ多くの出会いで学んだ、人としての言動の基本的な教えでした。その教えに背中を押され勇気を出して前に進むことができました。

私達が長い人生で気づけたこと、学んだことを一冊の本にまとめました。本書から一つでも二つでもヒントを得て、日々の実践のお役に立てて下さればうれしいです。

八十路を歩む私達の挑戦を、励まし、遠巻きに温かくサポートしてくれた三人の家族や親族に感謝の思いでいっぱいです。
最後に、出版までお力添えをいただき導いてくださいました文芸社の皆様に感謝申し上げます。

マナリスト研究会
島村美和子、大守光子、岡﨑弘子

著者プロフィール

マナリスト研究会（まなりすとけんきゅうかい）

島村美和子、大守光子、岡﨑弘子の３名からなるユニット。
人に快く感じてもらいたいとの思いから生まれる思いやりのマナー、気遣いのマナーを提唱している。

■島村 美和子（しまむら みわこ）
1935年、大阪市生まれ。1957年、大阪学芸大学（現大阪教育大学）小学校教員養成課程修了。大阪府公立学校４校勤務。退職後、毎日新聞社・神戸新聞社・近鉄カルチャー講師などを経て、現在は毎日新聞社文化センター講師。本書第１章の執筆を担当。

■大守 光子（おおもり みつこ）
1939年、徳島市生まれ。1962年、武庫川女子大学卒業。学校法人百合学園スクールカウンセラーなどを経て、現在は、Human Color 心理研究所会長、いのちの電話監事。本書第２章の執筆を担当。

■岡﨑 弘子（おかざき ひろこ）
1933年、京都市生まれ。全日本作法会英教授、日本作法会総師範（ビジネスマナー）。鹿島建設を定年退職後、現代マナーズ研究会教授・理事。大学・専門学校・きもの学院他講師。NHK テレビ生活百科出演。パールライオンズクラブ元会長を経て、現在もボランティア活動中。朝日カルチャーセンター講師を経て、現在は、山陽新聞社カルチャーセンター講師。マナリスト技芸の教授第41類商標権者。本書第３章の執筆を担当。

マナーはまごころ 〜生涯を彩るマナー学習〜

2024年３月15日　初版第１刷発行

著　者　マナリスト研究会
発行者　瓜谷 綱延
発行所　株式会社文芸社
〒160-0022 東京都新宿区新宿1－10－1
電話 03-5369-3060（代表）
03-5369-2299（販売）

印刷所　図書印刷株式会社

ISBN978-4-286-24896-7